GENUSS WANDERN

HIRSCHENSTEIN & UMGEBUNG

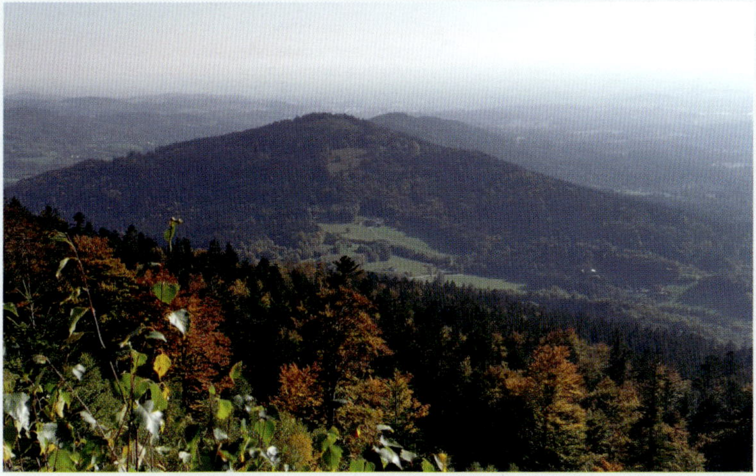

Wanderführer für die Region
zwischen Viechtach & Deggendorf

SüdOst Verlag

PIKTOGRAMME

Ausgangs-/Endpunkt

Charakteristik der Tour

Wegpunkte

Gasthäuser / Cafés

Markierung

Touristen-Information

SCHWIERIGKEITSBEWERTUNG

Die Schwierigkeitsgrade sind subjektiv und von mir frei gewählt. Sie beziehen sich auf die Kriterien: Länge und Anstiege der Wanderung, Beschaffenheit und Markierung der Wege

Leicht	Einfache Wanderung. Grundkondition erforderlich. Leicht begehbare Wege. Kein besonderes Können erforderlich.
Mittel	Mittelschwere Wanderung mit einer gewissen Länge. Gute Grundkondition erforderlich. Meist leicht begehbare Wege. Trittsicherheit oftmals vorteilhaft. Durchaus mit einigen Höhenmetern.
Schwer	Anspruchsvolle Wanderung mit einer gewissen Länge. Gute Grundkondition erforderlich. Überwiegend gut begehbare Wege, aber auch steile Passagen. Trittsicherheit und ggf. Schwindelfreiheit erforderlich. Wanderstöcke können sehr hilfreich sein. Es können einige Höhenmeter zu bewältigen sein.

VORWORT

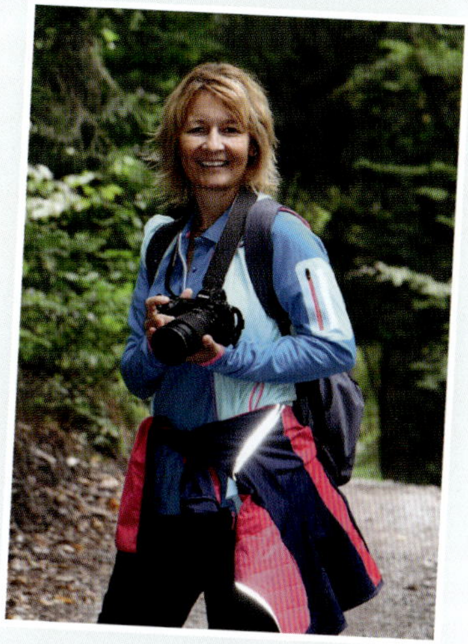

Mein Name ist Alexandra Linzmeier und ich bin dankbar, in einer Region wohnen zu dürfen, wo andere Urlaub machen: im Bayerischen Wald, im wunderschönen Perlbachtal.
Viele Leute in meiner näheren Umgebung kennen mich als Fotografin, da ich selten ohne meine Kamera unterwegs bin, egal ob auf Spaziergängen, auf Wanderungen, auf Festen oder auf dem Fahrrad. Es ist meine große Leidenschaft, die schöne Natur, die abwechslungsreiche Landschaft und die unterschiedlichen Wetterstimmungen mit der Kamera einzufangen und zu präsentieren. Das ist auch der Grund für diesen Wanderführer.
In meiner Freizeit wandere und radle ich gerne durch die Gegend, um abzuschalten und zu genießen. Dabei entstehen viele, viele unterschiedliche Fotos und Eindrücke.
Ich bin ein Fan der Wabi-Shabi-Fotografie, nämlich Details zu sehen, zu fotografieren und damit zum Nachdenken anzuregen. Daher dachte ich mir, diese Schönheit in und um die Ferienregion Hirschenstein, von Deggendorf bis Viechtach, ist es wert, mit anderen geteilt zu werden.
Ich möchte andere Wanderer und Genießer teilhaben lassen an den schönen Genusstouren, anspruchsvollen Bergwanderungen, an den schönen blühenden Wiesen und Wäldern und lauschigen Plätzchen.

Ich habe die Touren so gewählt, dass Familien mit Kindern oder Kinderwagen leichte Wege für einen Sonntagsspaziergang finden, aber dass auch für den konditionell starken Wanderer längere oder anspruchsvollere Touren dabei sind. Für Letzteren beinhalten die Touren meist längere oder steilere Anstiege, um die man in unserer Gegend nicht drum herumkommt. Denn wie heißt es so schön: „Zuerst muss man aufi auf den Berg."
Ich habe mich dazu entschieden, überwiegend Routen auszusuchen, die als offizielle Wandertouren beschildert sind. Nur bei wenigen geht es etwas abseits der Pfade. Mein Bestreben ist es, Sie einzuladen die Natur zu genießen, Sie mit meinen Fotos zu inspirieren – sodass Sie mit offenen Augen die Schönheit der Region erwandern können.

Ich würde mich freuen, wenn auch Sie zu dem Entschluss kommen:
„So schee is' #rundumdahoam – so schee is' vor der Haustür!"

Alexandra Linzmeier

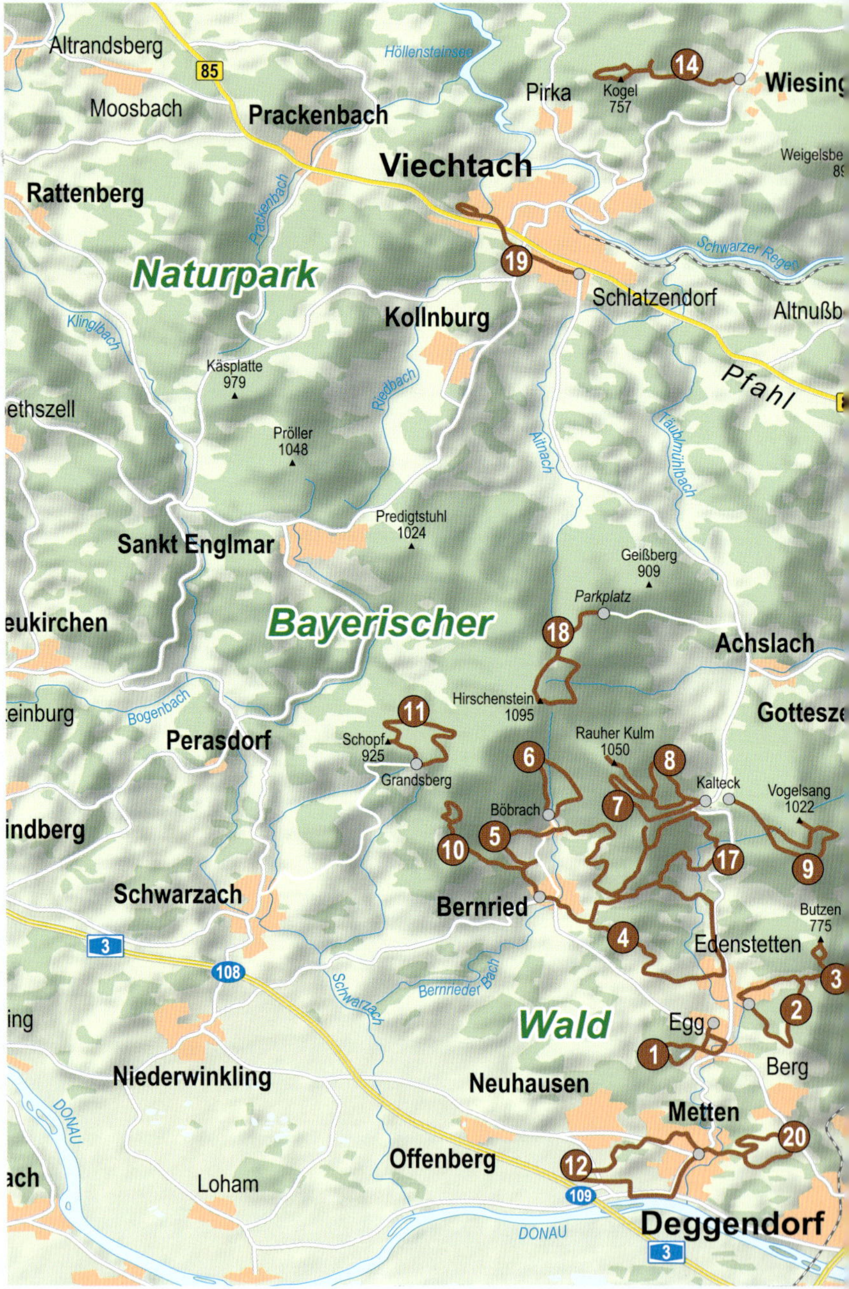
Altrandsberg
85
Höllensteinsee
Pirka
Kogel
757
14
Moosbach
Prackenbach
Viechtach
Rattenberg
Prackenbach
Naturpark
19
Schwarzer Regen
Schlatzendorf
Kollnburg
Klinglbach
Käsplatte
979
Riedbach
Pfahl
Pröller
1048
Aitnach
Täublmühlbach
Predigtstuhl
1024
Sankt Englmar
Geißberg
909
Parkplatz
Bayerischer
18
Achslach
Hirschenstein
1095
Bogenbach
11
Schopf
925
Grandsberg
Perasdorf
Rauher Kulm
1050
6
8
Kalteck
Vogelsang
1022
Böbrach
7
5
10
17
9
Schwarzach
Bernried
Butzen
775
4
Edenstetten
3
3
108
Schwarzach
Bernrieder Bach
2
Wald
Egg
1
Berg
Niederwinkling
Neuhausen
Metten
DONAU
20
Offenberg
12
Loham
109
DONAU
Deggendorf
3

Hinweis zu den Öffnungszeiten von Gaststätten

Es kann immer zu spontanen Änderungen von Öffnungszeiten oder auch zu generellen Schließungen kommen. Wir bitten Sie, dies bei Ihrer Tourplanung zu berücksichtigen und sich vorab selbst über die tagesaktuellen Öffnungszeiten der jeweiligen Gaststätte zu informieren – telefonisch oder auf der Website (falls vorhanden).

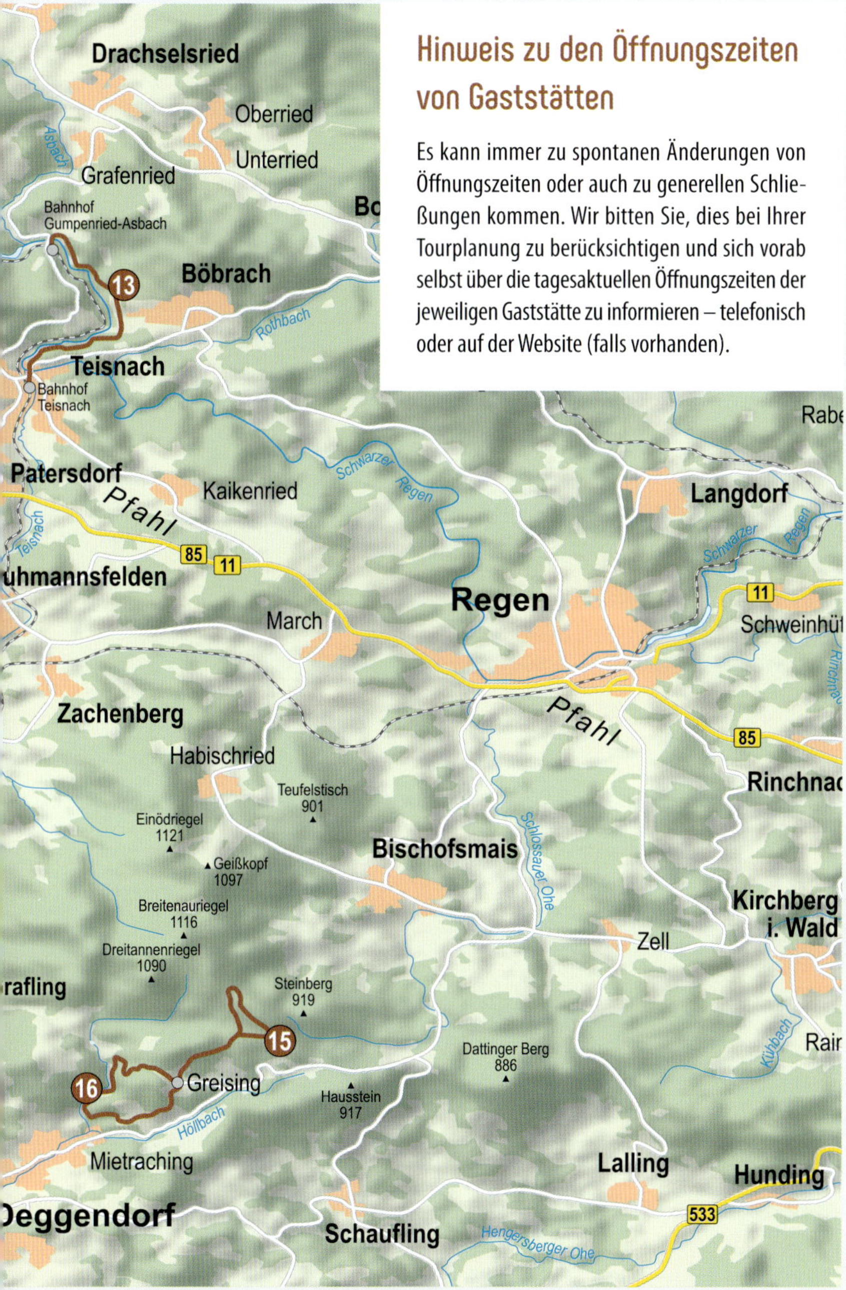

INHALT

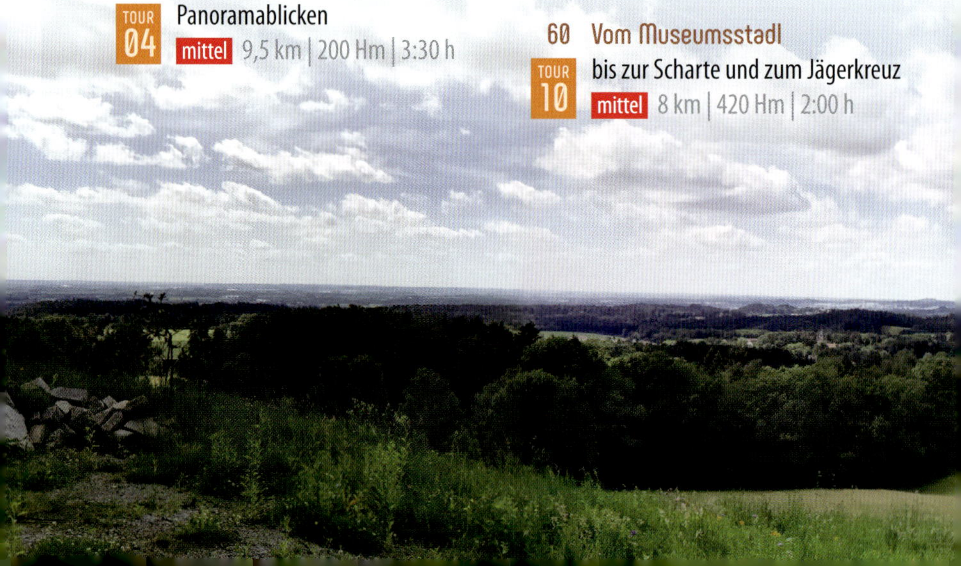

INHALT

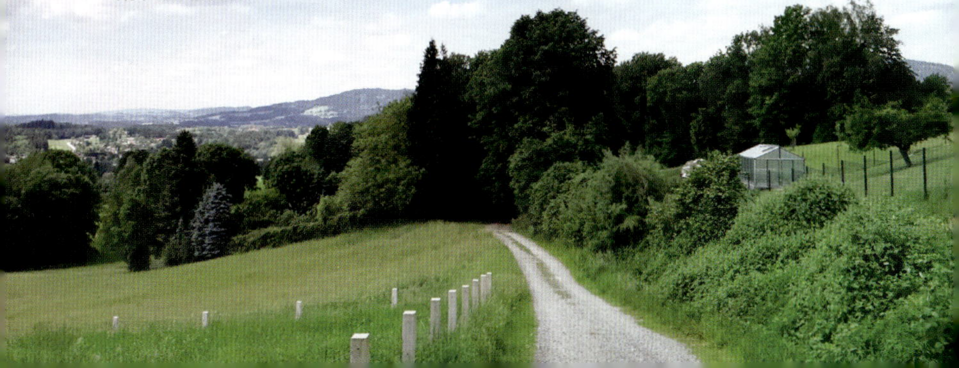

Die Region Hirschenstein

Die facettenreiche Landschaft rund um die Region Hirschenstein ist sehr abwechslungsreich, aufgrund der flachen Donauebene und der ersten Höhe des Bayerischen Waldes, rund um den Hirschenstein und Vogelsang. Zur „Ferienregion Hirschenstein" zählen begrifflich fünf Gemeinden: Achslach, Bernried, Mariaposching, Metten und Offenberg. Während rund um Achslach und Bernried die Touren eher bergauf und bergab gehen und auch für den sportlichen Wanderer interessant sind, haben die Donautouren ihren Charme ohne Steigungen. Die Touren in Deggendorf und Viechtach sind aufgrund ihrer Einkehrmöglichkeiten in den Wanderhütten ein Muss. Bei allen Touren gibt es zwischendurch immer etwas zu sehen und zu bestaunen. Sei es ein Marterl mit einer Geschichte, ein kunstvoll gestaltetes Wegkreuz, eine imposante Kirche oder der Besuch in der Klosterbibliothek. Doch im Mittelpunkt aller Touren steht die wunderschöne Natur, die zum Teil verlassenen und nicht stark frequentierten Wanderwege, die immer wieder mit Ruhebänken gesäumt sind. Charakteristisch und bewusst gewählt habe ich einige Panoramatouren, für die sich der Aufstieg lohnt. Der Blick ins Donautal, Gäubodental, auf das Viechtacher Land und den Pröller sowie bei guter Fernsicht von Deggendorf/Greising aus bis in die Alpen ist ein wahrer Augenschmaus und Balsam für die Seele. Ruhige Pfade und Wiesenwege mit üppigen Blumenwiesen und Vogelgezwitscher im Wald oder am Wasser lassen den Alltag für ein paar Stunden vergessen. Bei diesem Genusswanderführer steht nicht die sportliche Herausforderung im Mittelpunkt, sondern die Besinnung und Wahrnehmung der Schönheit der Natur, kombiniert mit unvergesslichen, teils kulturellen Eindrücken und Geschichten. An manchen Stellen kann man sich anhand der App WanderKultur über Heimatgeschichte informieren. Alle Touren sind so konzipiert, dass man sich auch ohne Navi zurechtfindet. Lediglich rund um die Gipfel Hirschenstein und Rauher Kulm könnte es ratsam sein, sich die GPX-Daten anzusehen, denn diese Gegend ist sehr verzweigt und erinnert mich immer an ein Labyrinth. Egal, wie oft man in dieser Gegend unterwegs ist (es gibt viele alternative Möglichkeiten und Abzweigungen zum „Hirschenstein"), es sieht je nach Jahreszeit immer anders aus. Dennoch führen alle Wege zum Ziel, und es ist ratsam auf den Höhen etwas mehr Zeit einzuplanen. Auch wenn die klassischen Touren, Hirschenstein, zur Hölzernen Hand oder etwa Bayerisch Kanada sowie Pfahl in Viechtach, ein Begriff sind, lohnt es sich, diese wenn möglich während der Woche oder auch an weniger sonnigen Tagen zu erkunden. Mit offenen Augen und bewusster Wahrnehmung entdeckt man am Wegesrand mystische Steine, bemooste Felsen und eine zauberhafte Stimmung. Kurzum: „Achtsamkeit ist der Schlüssel zum Glück."

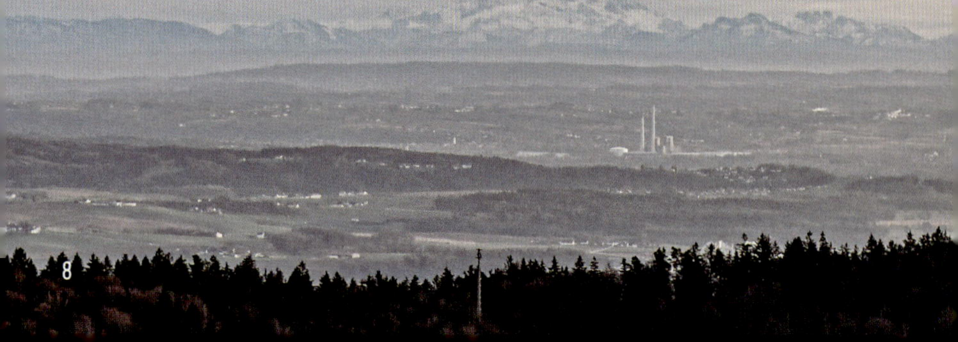

Wandern mit GPS

Vielleicht kennen Sie die Aussage, dass das Gebiet nicht der Landkarte entspricht. Eine topographische Karte zeigt etwas anderes an als eine Wanderkarte. Je nach persönlichem Hintergrund und Schwerpunkt entdeckt jede Person die Umgebung auf seine bzw. ihre eigene individuelle Weise. Ähnlich verhält es sich auch mit Wanderkarten und GPS-Daten. Jede App und jeder Kartenservice stellen die Wege unterschiedlich dar. Wundern Sie sich deshalb nicht, wenn es, speziell in dichten Waldgebieten, zu Abweichungen kommen kann. Ich hoffe dennoch, dass Sie anhand meiner Beschreibungen und der Karten die Wanderungen gut und mit Freude bewältigen können.

Dieses Buch ist so aufgebaut, dass Sie die Wege mithilfe der Tourbeschreibungen und der abgebildeten Karten auch ohne moderne Technik finden können. Es kann aber sicher nicht schaden, wenn man im Zweifelsfall auf technische Hilfsmittel zurückgreifen kann; besonders nützlich ist die elektronische Unterstützung auf unmarkierten Streckenabschnitten. Deshalb bieten wir unseren Lesern auf der Webseite des Verlags die GPS-Daten zu diesem Wanderführer kostenlos zum Download an. Die Adresse der Webseite lautet: **https://gps.battenberg-gietl.de/**.

Geben Sie zuerst das Passwort **nGVgKa5G** in das entsprechende Feld ein und klicken Sie dann bei der Tour Ihrer Wahl auf den Download-Button.

Die Touren sind im gängigen GPX-Format gespeichert. Sie können einzelne Touren direkt herunterladen oder gleich alle auf einmal; in dem Fall erhalten Sie eine ZIP-Datei, die Sie erst einmal „entpacken" müssen. Um die GPS-Daten benutzen zu können, benötigen Sie ein Smartphone (iPhone oder Android) mit GPS-Empfänger und eine App, die GPX-Dateien darstellen kann (z. B. *Komoot, Bergfex, Outdooractive* o. ä.). Sie sollten nach Möglichkeit die Dateien so speichern, dass Sie sie offline nutzen können, da häufig Wälder und Berge beim Netzausbau nicht vorrangig behandelt werden und es im Online-Betrieb bei schlechtem Netz zu lästigen Verzögerungen kommen kann.

Navigationsaufgaben verursachen meist einen höheren Energieverbrauch auf dem Smartphone. Achten Sie daher besonders bei längeren Touren darauf, dass der Akku ausreichend aufgeladen ist.

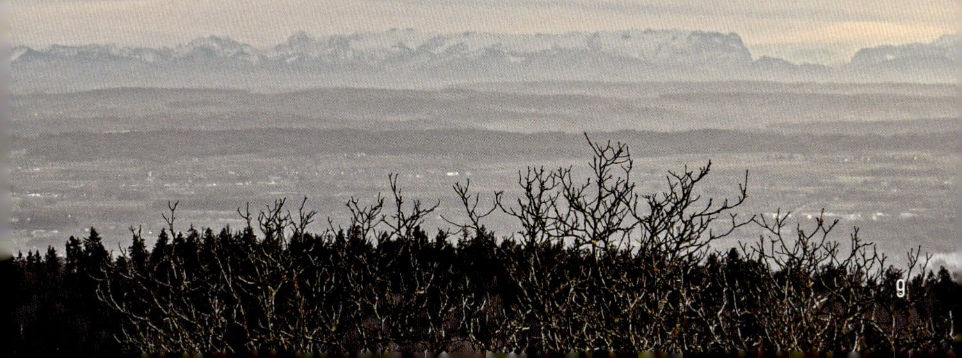

Blick bis in die Alpen von Greising aus

Rund um den Klosterweiher

Eine gemütliche Sonnenrunde

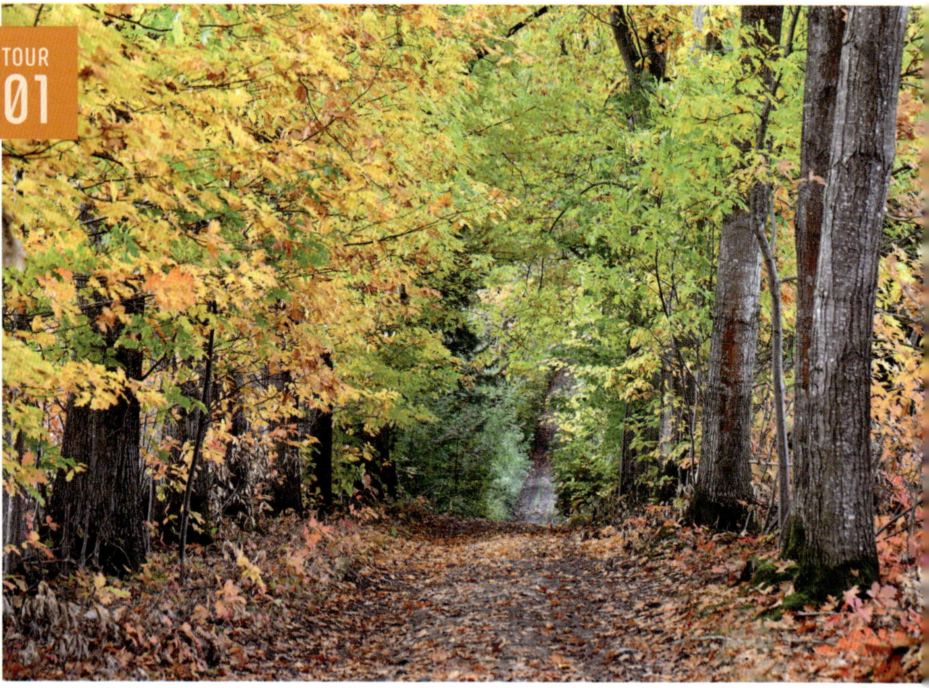

TOUR 01

Besucherparkplatz beim Rathaus in Birket
Navi: Birket 34, 94505 Bernried

Rathaus Egg – Gutshof – Klosterweiher – Egg Ortsmitte – Rathaus Egg

Klosterweiher: rote 2, unmarkiert rund um den Klosterweiher; durch Ortsteil Egg: rote 2 und 7

Schöne Waldwege, herrliche Ausblicke und idyllische Natur prägen diese Rundtour.

Gasthaus Hopf (Altes Backsteingebäude)
Egg 9, 94505 Bernried
Tel. 09905 379 (Rücksprache empfohlen)

Schloss Egg
Egg 2, 94505 Bernried
Tel. 09905 289 oder 8001
www.schloss-egg.de

Engerlgasse 25a, 94505 Bernried
Tel. 09905 7400-24 oder 25

 Foto: Wunderschöne Allee

leicht | 4,5 km | 70 Hm | 1:30 h

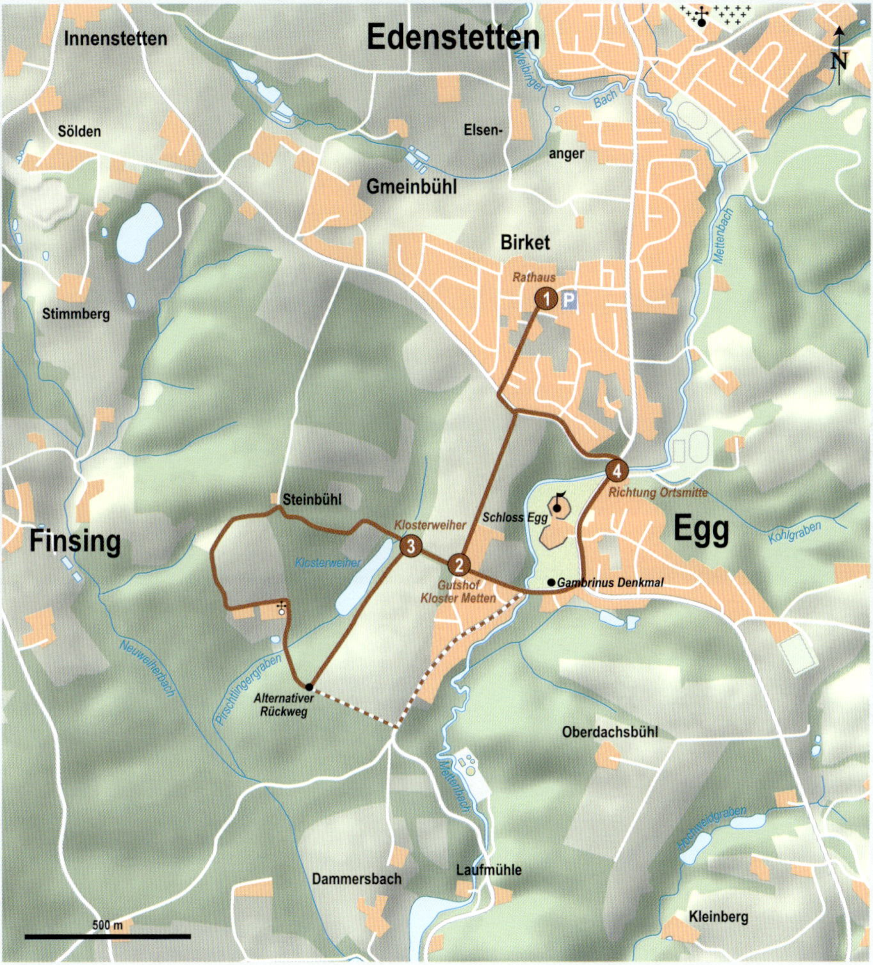

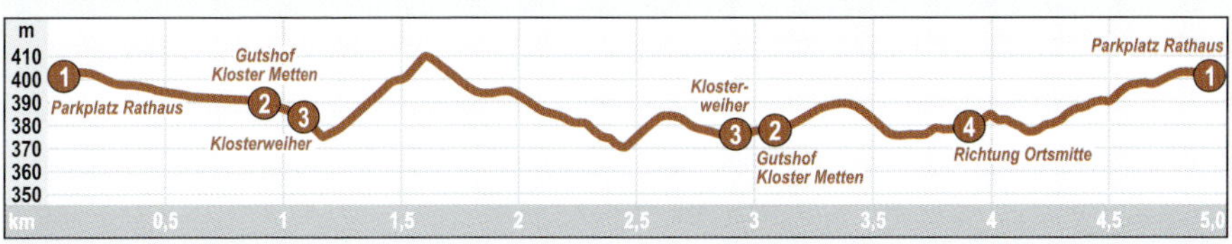

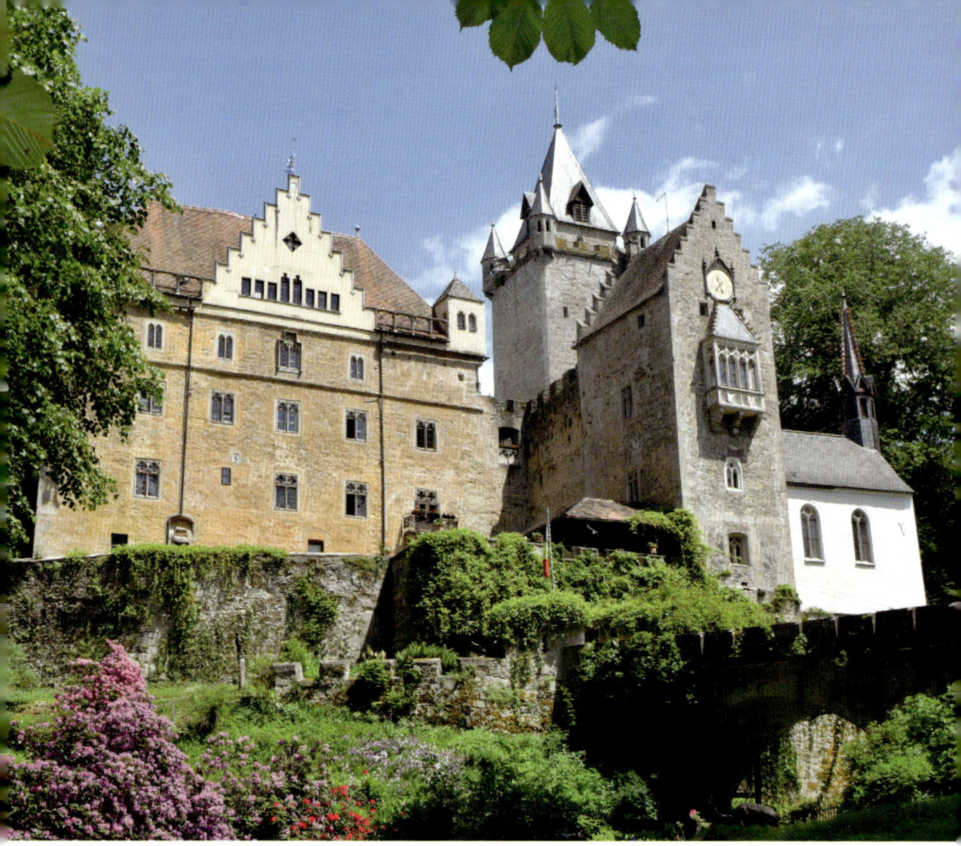

Schloss Egg

Wir starten am Besucherparkplatz vor dem Rathaus der Gemeinde 1 Bernried in Egg, biegen rechts ab, sodass der Kindergarten linker Hand liegt, und marschieren 50 Meter bis zur Hauptstraße auf dem Gehweg. Beim Buswartehäuschen wechseln wir auf die linke Seite des Gehweges und überqueren die Hauptstraße (Achtung: unübersichtliche Kuppel). Bereits von Weitem sehen wir das „Gut", den ehemaligen Gutshof, der vom nahe gelegenen Kloster Metten bewirtschaftet wurde. Links erstreckt sich der wunderschöne und verwunschene Schlosswald, der zum Besitz von Schloss Egg gehört.

Tipp:

Bei Interesse kann man beim Schlossbesitzer Georg Hartl nachfragen, ob man den Schlosswald besichtigen darf. Vor allem bei der Rhododendronblüte sind der Schlosswald und Schlosspark eine wahre Augenweide. Auch das Schloss selbst kann besichtigt werden. Öffnungszeiten über die Homepage www.schloss-egg.de anfragen.

Wir folgen dem nicht markierten Weg bis zum Gebäude Gutshof, dem land- und forstwirtschaftlichen Betrieb der Benediktinerabtei Metten und gehen an der losen Kettenabsperrung vorbei.

Nach ein paar Metern biegen wir rechts ab. ② Eine wunderschöne Allee mit Blick rechts auf die hügelige Landschaft, den Vogelsang und den Hilling liegt vor uns. Vor allem im Herbst beeindruckt der farbige Laubwald. Nach 200 Metern nähern wir uns einer Weggabelung ohne Markierung, zu der wir auch beim Rückweg wieder kommen. Wir marschieren geradeaus, vorbei an einem naturbelassenen Biotop mit Biberdämmen, und sehen links den versteckten ③ „Klosterweiher".
Der Weg mündet in den markierten Wanderweg Nr. 2, den man alternativ nach rechts gehend erweitern könnte. Wir biegen links ab und genießen den „Sonnenrundweg", vorbei an wilden Brombeer- und Hagebuttenstauden. Perfekte Voraussetzungen für Bienenschwärme und Bienenstöcke, die wir am rechten Waldrand sehen können. Nun kommen wir an einem

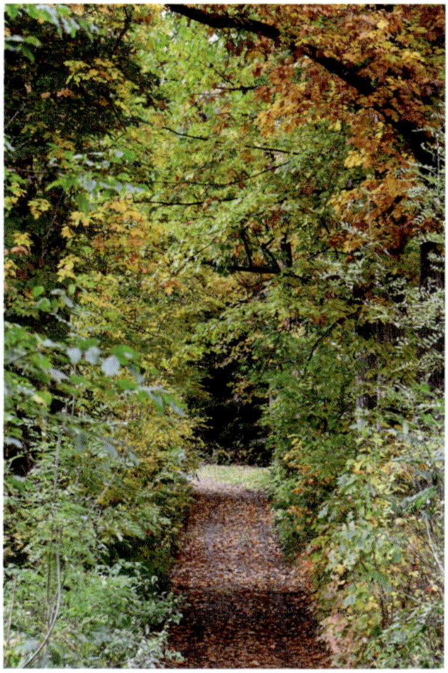

Allee

Klosterweiher

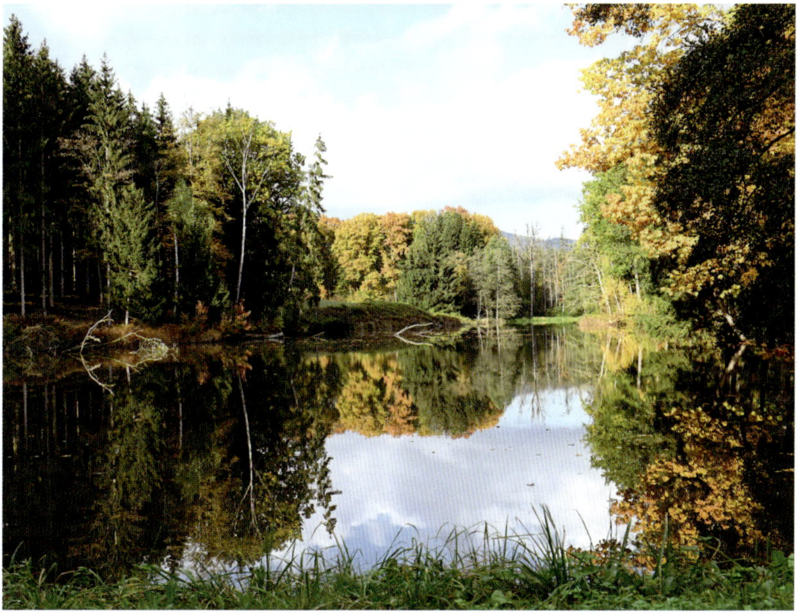

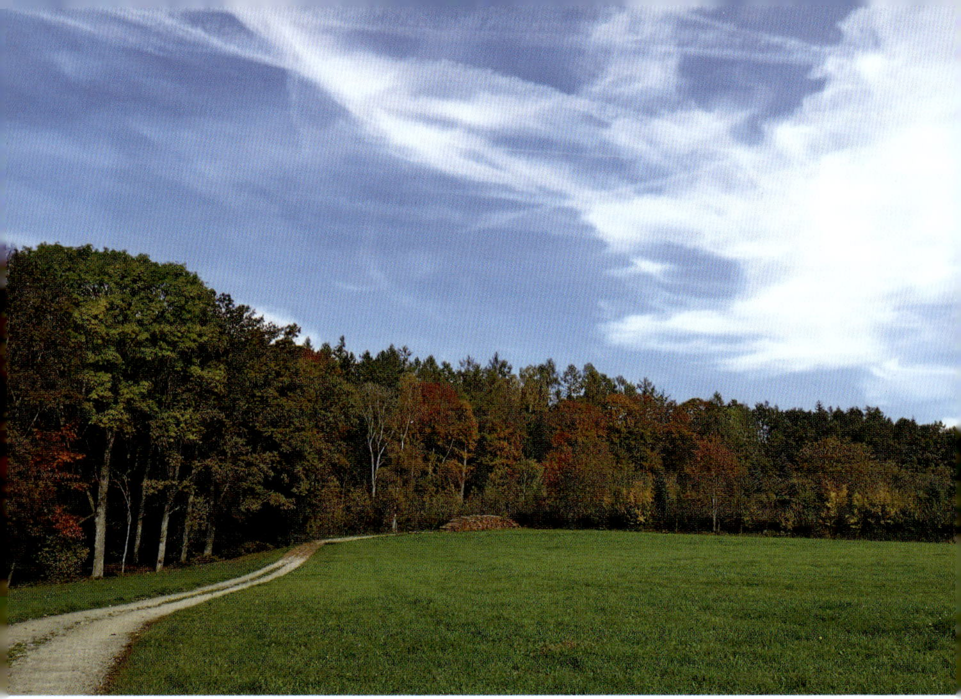

Wunderschöne Sonnenrunde

alten und noch bewohnten Bauernhaus vorbei, einem Wildgehege sowie einem landwirtschaftlichen Hof mit Christbaumverkauf im Winter. Wir folgen dem beschilderten Wanderweg Nr. 2 (dabei lassen wir uns von Beschilderung Nr. 7 nicht verunsichern) und können eine kurze Rast an der Ruhebank oder an der Hofkapelle einlegen und mit etwas Glück das Damwild beobachten.

Der befestigte, geteerte Weg führt mit einem leichten Anstieg durch den Wald. Achtung, wir biegen bei der ersten Abzweigung links ab. (Alternativ kann man den beschilderten asphaltierten Weg Nr. 7 geradeaus weitergehen, der an der Hauptstraße entlang auch zum Ausgangspunkt Parkplatz Rathaus führt.)

Schöner und idyllischer ist unser Weg, der uns wieder am Klosterweiher vorbeiführt, bis zur Weggabelung Allee. Unser Rundweg führt uns zurück durch den Laubwald, und wir könnten den Rückweg analog dem Hinweg nach links abkürzen.

Wir gehen allerdings geradeaus durch die Neubausiedlung „Am Gutshof“, bis zur markierten Strecke an der Hauptstraße, und folgen links abbiegend der Markierung Nr. 7. Hier lohnt sich der Blick auf das wunderschöne Schloss Egg, eine mittelalterliche Burganlage aus dem 11. Jahrhundert, und die Gambrinus-Figur an der Straße, die an die ehemalige Schlossbrauerei von Schloss Egg erinnert (schönes Fotomotiv), bevor wir nach links in Richtung Dorfmitte 4 gehen. (Möglichkeit zur Einkehr im Biergarten Gasthaus Hopf.) Man kann der Beschilderung zum „Rathaus“ auf dem Gehweg folgen. Wir nehmen jedoch die Überquerungshilfe kurz vor der Brücke nach links und kommen an den Ausgangspunkt (unübersichtliche Kuppel) zurück, zum Rundweg zum Parkplatz Rathaus 1.

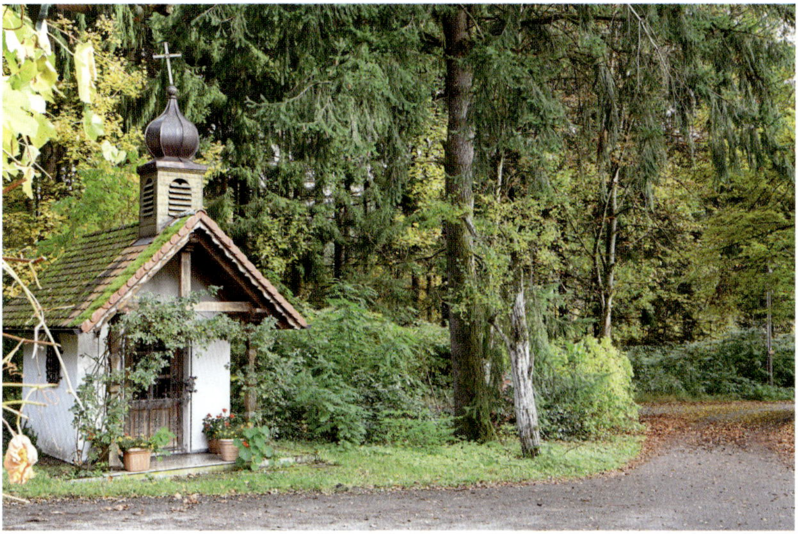

Hofkapelle

Wald- und Höhenweg

von Edenstetten über Rindberg nach Schneiderried

TOUR 02

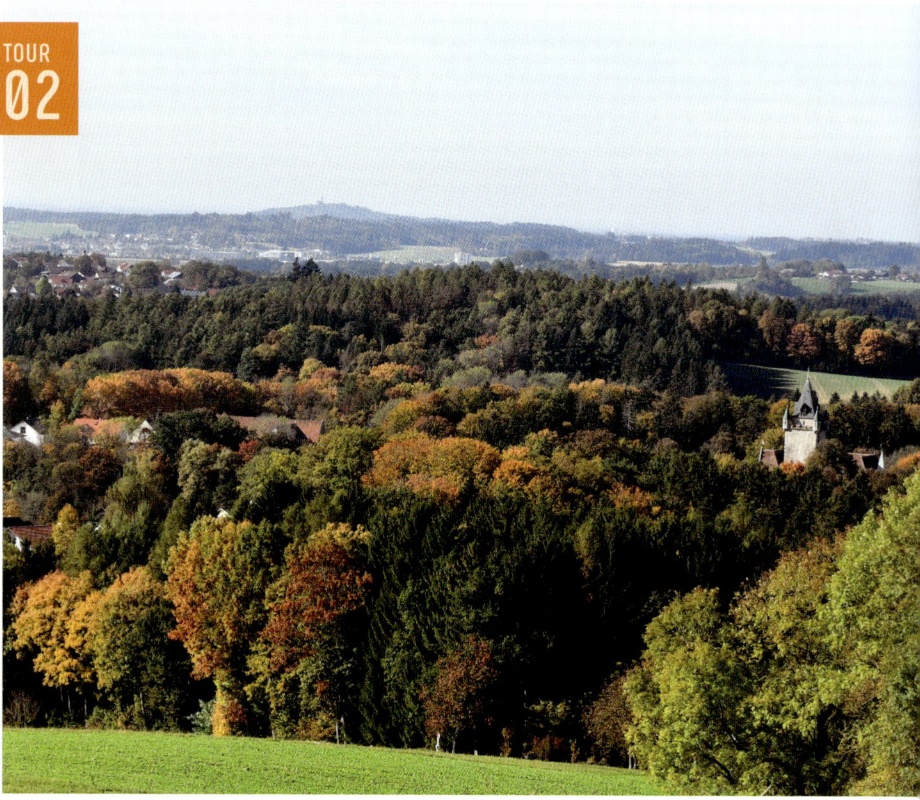

Start/Ziel: Sportplatzgelände
Navi: Am Sportplatz 10, 94505 Bernried

Sportplatz Edenstetten – Rindberg – Schneiderried – Sportplatz Edenstetten

Rote 4a

Rundweg durch Waldstücke mit Ausblick ins Donautal.

Gasthaus Hopf (Altes Backsteingebäude)
Egg 9, 94505 Bernried
Tel. 09905 379 (Rücksprache empfohlen)

Schloss Egg
Egg 2, 94505 Bernried
Tel. 09905 289 oder 8001
www.schloss-egg.de

Engerlgasse 25a, 94505 Bernried
Tel. 09905 7400-24 oder 25

 Foto: Ausblick auf Schloss Egg

leicht | 5 km | 160 Hm | 1:30 h

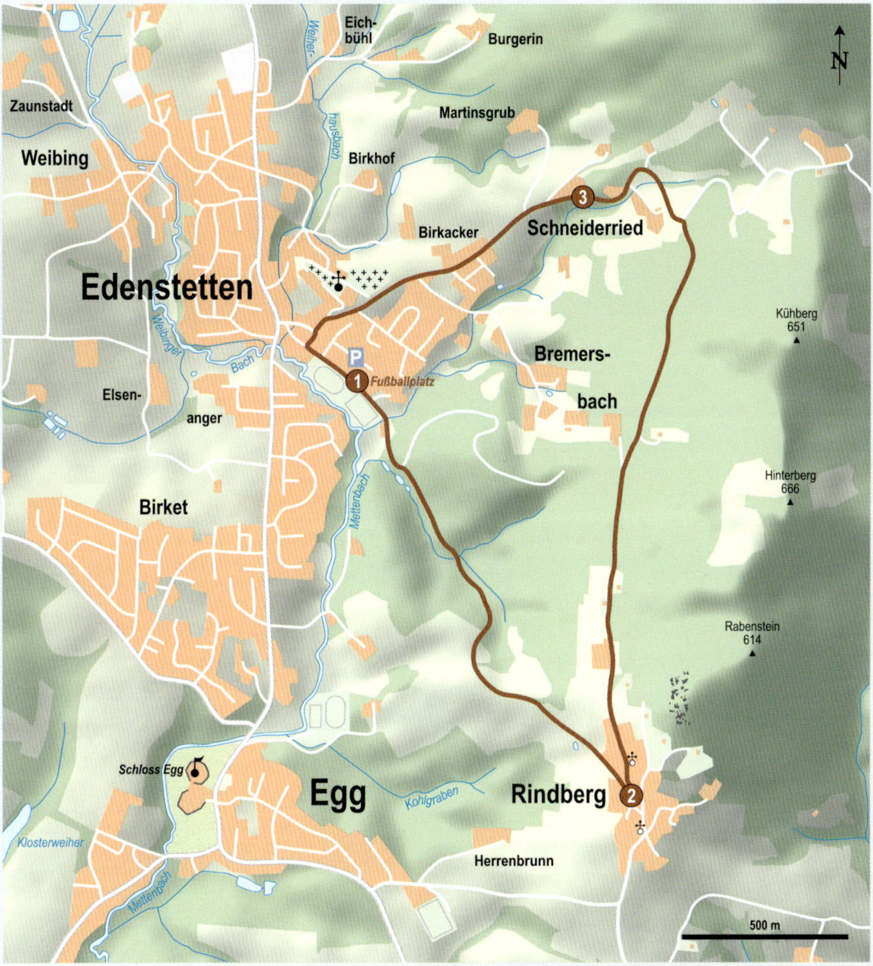

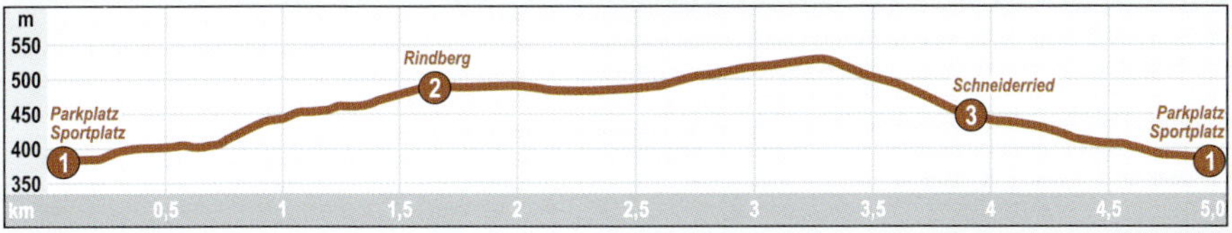

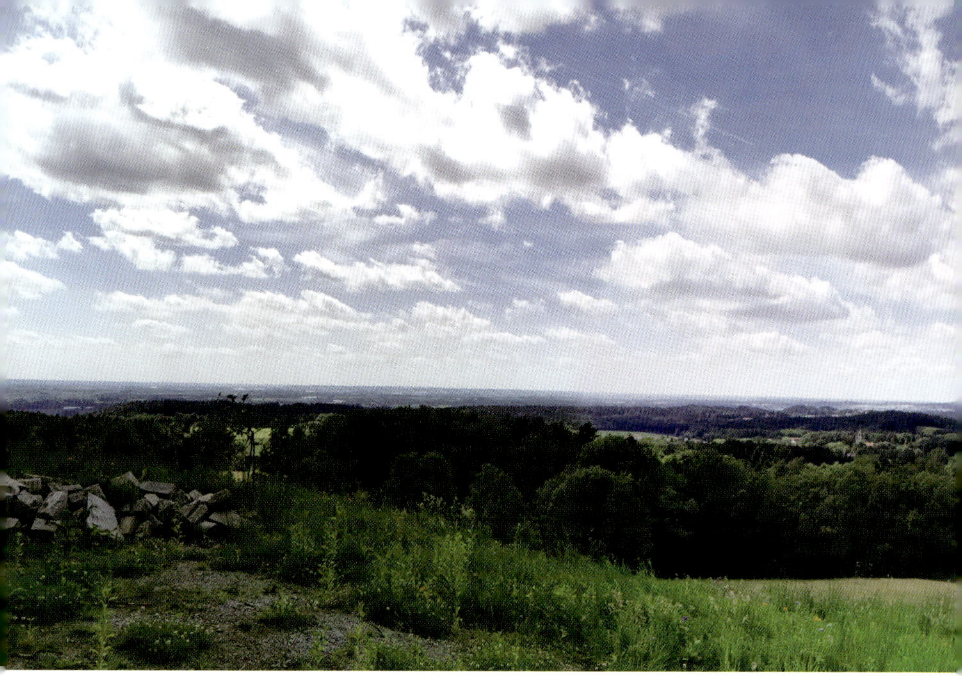

Herrlicher Ausblick ins Donautal

Wir parken am Fußballplatz ❶ direkt in Edenstetten und marschieren gerade aus in den Wald hinein. Nach ca. drei Minuten sehen wir die erste Wandermarkierung (rote 4a) und folgen dieser immer geradeaus. Ein herrlicher Mischwald erwartet uns. Idyllisch, und vor allem im Frühling sehen wir gelbe Butterblumen, und das Schmelzwasser plätschert in

Wandermarkierung „Rote 4a" vor der Ruhebank

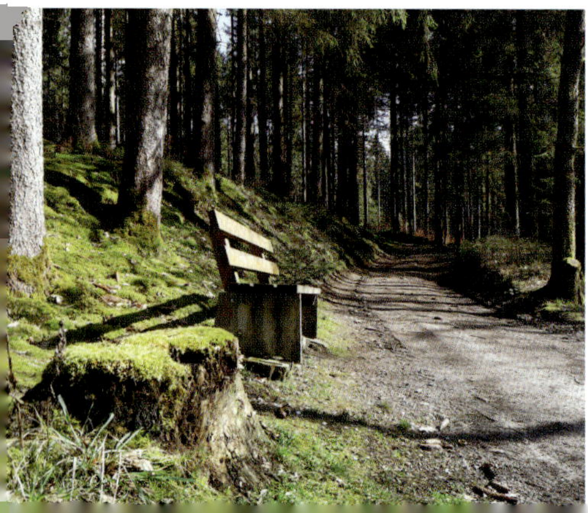

mehreren Gräben. Nach ungefähr 1 Kilometer erwartet uns ein kurzer Anstieg, und wir erreichen den Waldrand. In der vor uns liegenden Schutzhütte können wir den herrlichen Ausblick ins Donautal genießen. Nach einer kurzen Rast marschieren wir weiter an mehreren Birken vorbei in Richtung Rindberg ❷ Dorfmitte. (Wer mag, kann rechts abbiegen zur Dorfkapelle am Ortsrand und einen herrlichen Ausblick ins Donautal und auf Schloss Egg genießen.)

Wir folgen unserem Wanderrundweg (rote 4 nach Schneiderried 2,5 km), indem wir uns links halten und durch den wunderschönen Ortsteil Rindberg mit alten Bauernhäusern schlendern. Immer wieder blicken wir auf das Panorama der Gemeinde Bernried und bei gutem Wetter sehen wir die Kirche auf dem Bogenberg. Die Teerstraße endet bei den letzten Häusern nach rund 150 Metern, und wir erreichen eine Forststraße. Hier folgen wir dem Forstweg (nahezu) ohne Steigung mit der Markierung „rot 4a" durch den

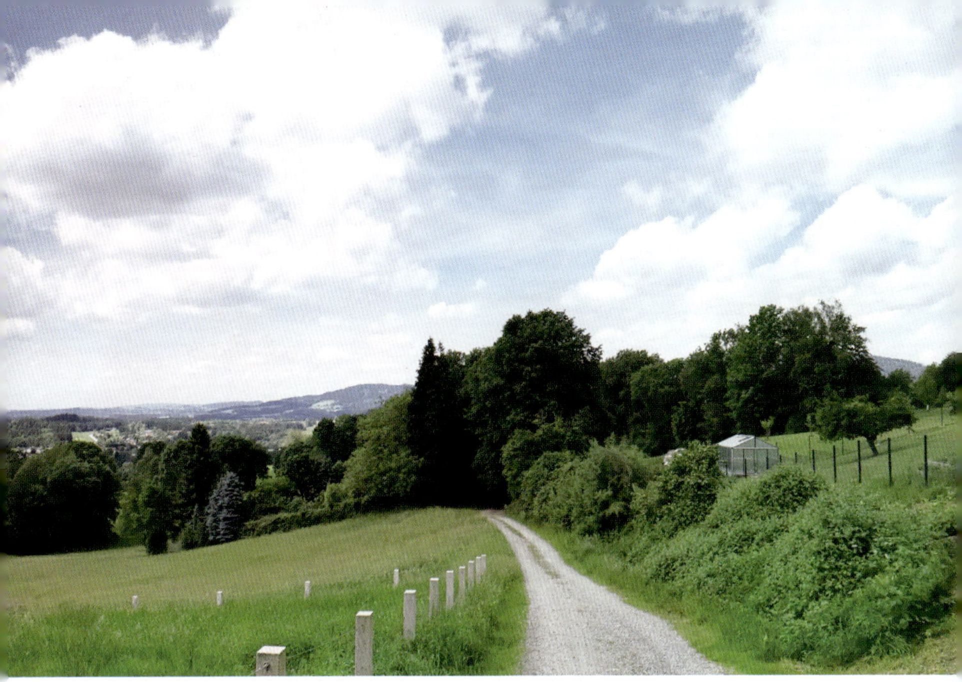

Wald. Der Weg ist auch für Kinder geeignet. Nach kurzer Zeit passieren wir eine Schranke im Wald. Vor uns sehen wir rechts einen großen Hochsitz, kurz darauf endet die Forststraße. Nun müssen wir etwas achtgeben, denn im Waldstück gibt es keine Beschilderung. Allerdings kann man die Gemeindestraße durch die Bäume erahnen. Nach dem Waldstück können wir beim Ruhebankerl erneut den tollen Panoramablick genießen. (Hier kann man die Wanderung mit der anspruchsvollen Tour Nr. 3 zum Butzen erweitern, indem man der asphaltierten Straße 500 Meter bergauf folgt und zum Einstieg nach Schneiderried kommt.)

Nach einer kurzen Rast folgen wir der ruhigen asphaltierten Straße bergab, vorbei an blühenden Wiesen und einem kleinen Bachlauf bis nach Martinsgrub/Birkacker. Auch hier lädt eine Ruhebank 3 mit Blick auf die Edenstettener Pfarrkirche und einem Wegkreuz zum Verweilen ein. Danach gehen wir weiter zur Dorfmitte und halten uns an der unübersichtlichen Weggabelung links. Wir bleiben auf der Straße geradeaus, vorbei an einem denkmalgeschützten Bauernhaus (rechter Hand), und sehen bereits den Sportplatz, unseren Ausgangspunkt vor uns. Wer noch Lust hat, kann den kostenlosen Fitnessparcours am Fußballplatz 1 benutzen.

Rindberg – Totenbretter mit Kapelle

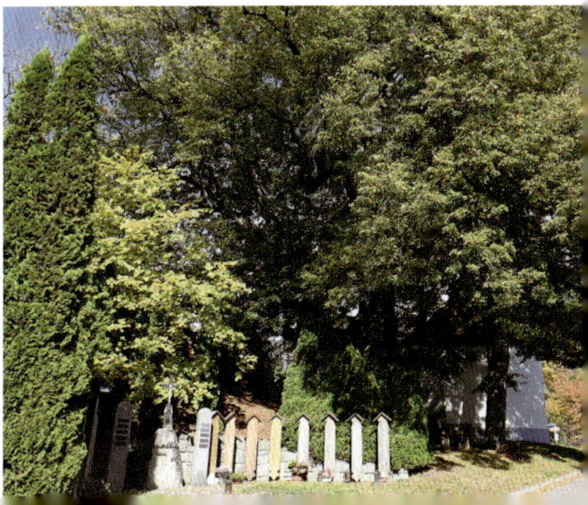

Rauf auf den Butzen

zum versteckten Butzenkreuz

TOUR 03

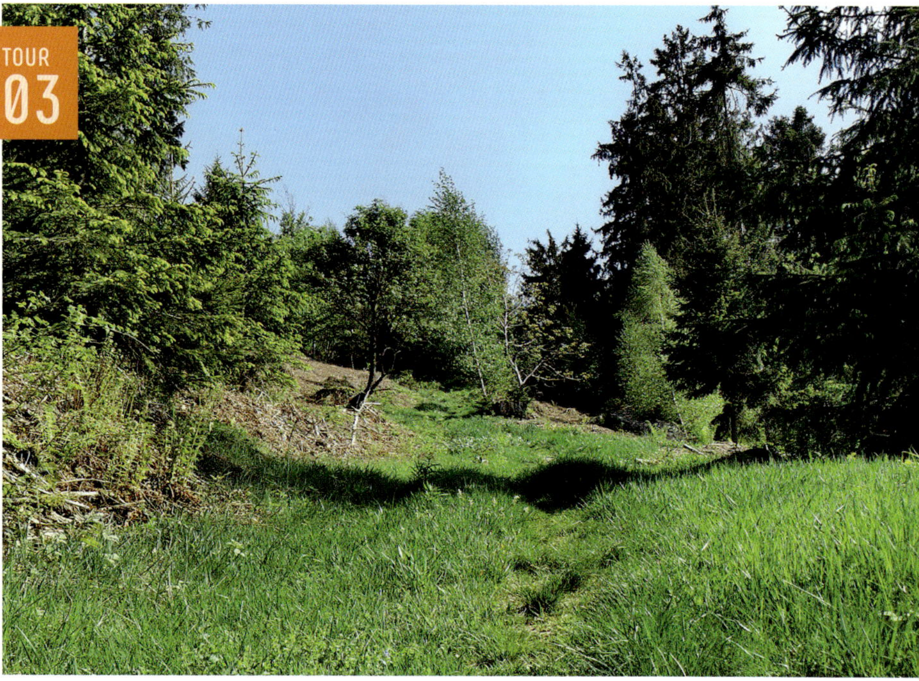

Kurze Tour ab Schneiderried, hier kein offizieller Wanderparkplatz; Parken am Waldrand evtl. möglich; längere Tour ab Edenstetten, Parkmöglichkeit am Sportplatz (1a)
Navi: Ortsteil Schneiderried, 94505 Bernried

Schneiderried – Butzenkreuz – Schneiderried (alternativ: Ausgangspunkt Sportplatz Edenstetten – Schneiderried – Butzenkreuz – Schneiderried – Sportplatz Edenstetten)

Rote 6 und rote 5a (Achtung: nicht immer eindeutig markiert)

Anspruchsvoller Rundweg; bis Butzenkreuz stetig bergauf auf unbefestigten Wegen; herrlicher Blick ins Graflinger Tal und Gäubodental.

Gasthaus Hopf (Altes Backsteingebäude)
Egg 9, 94505 Bernried
Tel. 09905 379 (Rücksprache empfohlen)

Schloss Egg
Egg 2, 94505 Bernried
Tel. 09905 289 oder 8001
www.schloss-egg.de

Engerlgasse 25a, 94505 Bernried
Tel. 09905 7400-24 oder 25

 Foto: Ein steiler Anstieg

schwer | 4 km / 9 km | 240 Hm | 2:00 h / 4:00 h

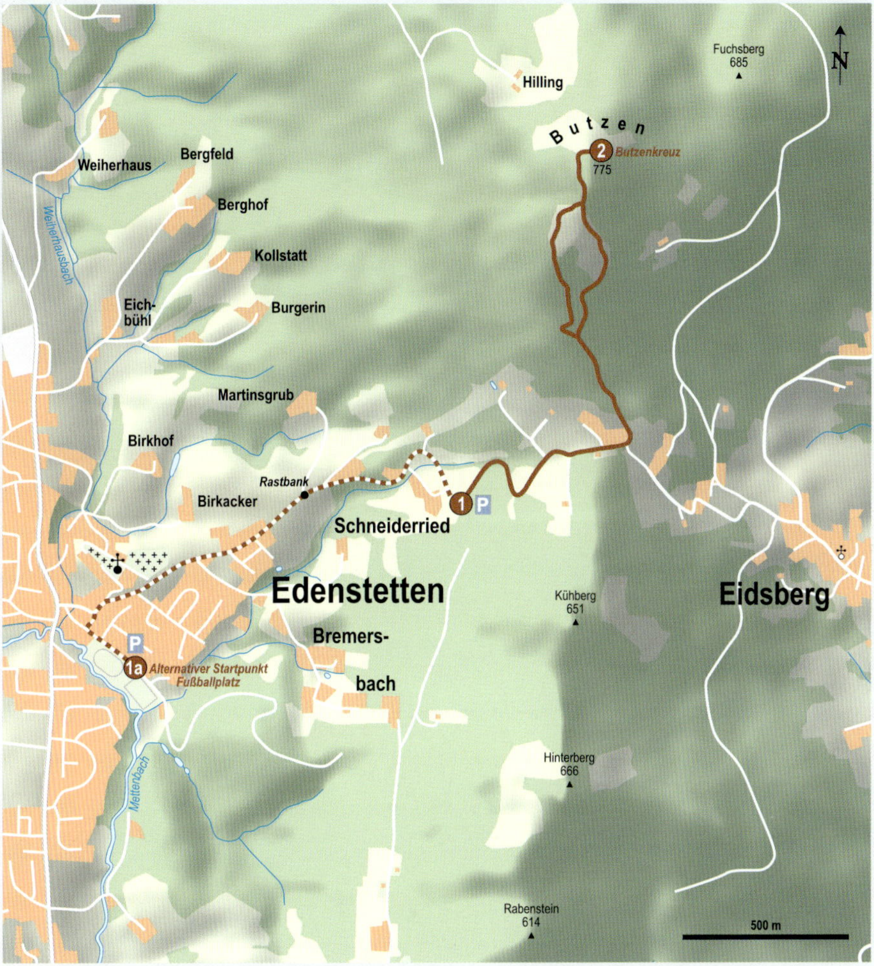

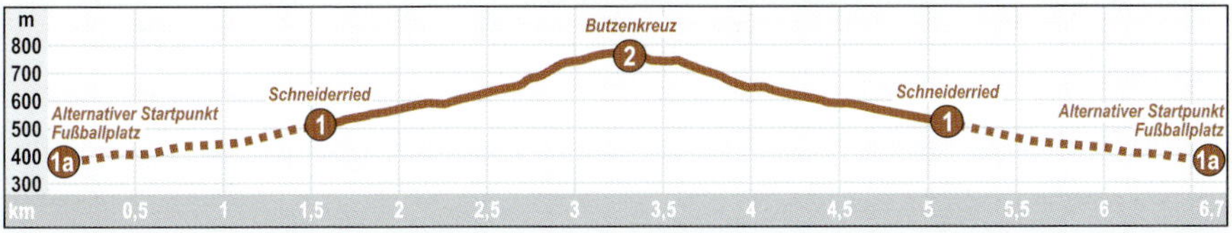

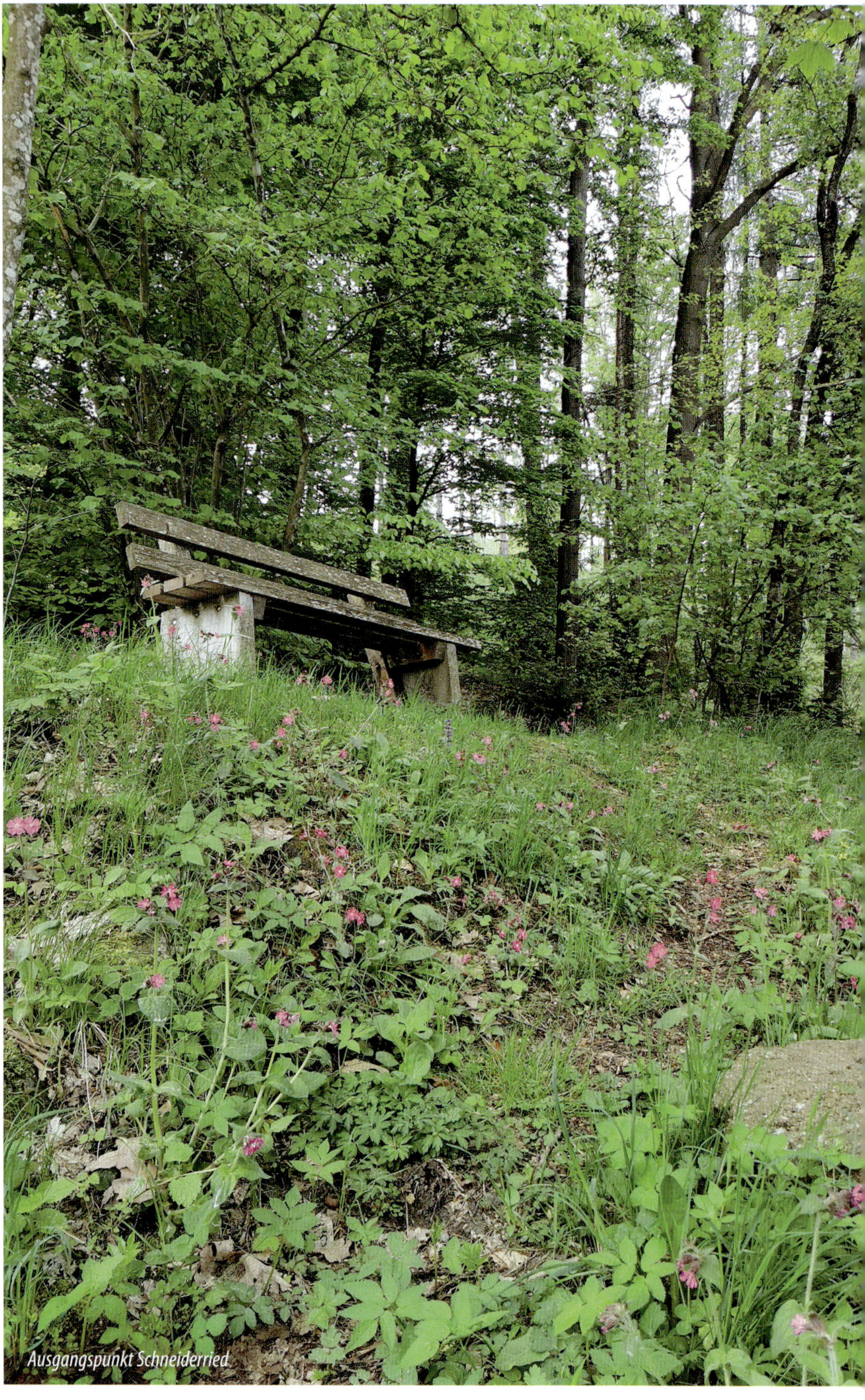

Ausgangspunkt Schneiderried

Ausgangspunkt:

Wer die **längere Tour** ab Edenstetten gehen möchte (9 km; anstregender Aufstieg nach Schneiderried), startet am Sportplatz 1a und folgt der Rückwegbeschreibung von Tour 2, von Schneiderried zum Sportplatz.
Die **kürzere Tour** (4 km) startet direkt in Schneiderried 1. Leider gibt es hier keinen offiziellen Wanderparkplatz, deshalb bei Anreise mit PKW eventuell vor Ort prüfen, ob man am Waldrand ein freies Plätzchen findet. Bitte unbedingt sicherstellen, dass man keine Zufahrtswege versperrt und nicht auf Privatgrund steht.

Bei den Wanderschildern in Schneiderried 1 sehen wir eine Ruhebank mit herrlichem Ausblick ins Donautal. Wir folgen dem Wegweiser „Zum Butzen" mit der roten 6. Zunächst führt uns der Weg durch ein landwirtschaftliches Anwesen mit Hühnern und Schafen. An der Gabelung biegen wir links ab. Wir blicken ins benachbarte Graflinger Tal. Von nun an geht es auf einem Waldweg steil bergauf. Wir folgen weiterhin der roten 6. Die Verschnaufpausen laden dazu ein, die schöne Aussicht und im Frühling den Duft der Maiglöckchen zu genießen oder im Sommer ein paar Heidelbeeren zu naschen. Der wunderschöne Weg ist teilweise steinig und wurzelig und erfordert gute Kondition. An der Gabelung sehen wir an einem Baum zwei Markierungen, die rote 6 und rote 5a. Hier ist es empfehlenswert, mit der Markierung „rote 6" gegen den Uhrzeigersinn zu gehen. Wiederum geht es steil bergauf, und man sollte zwischendurch zurückblicken oder vom Jägersitz die Natur betrachten und den Blick ins Graflinger Tal genießen. Vom Jägersitz aus dauert es noch 20 Minuten, bis man das Butzenkreuz 2 erreicht.

Markierung Butzen

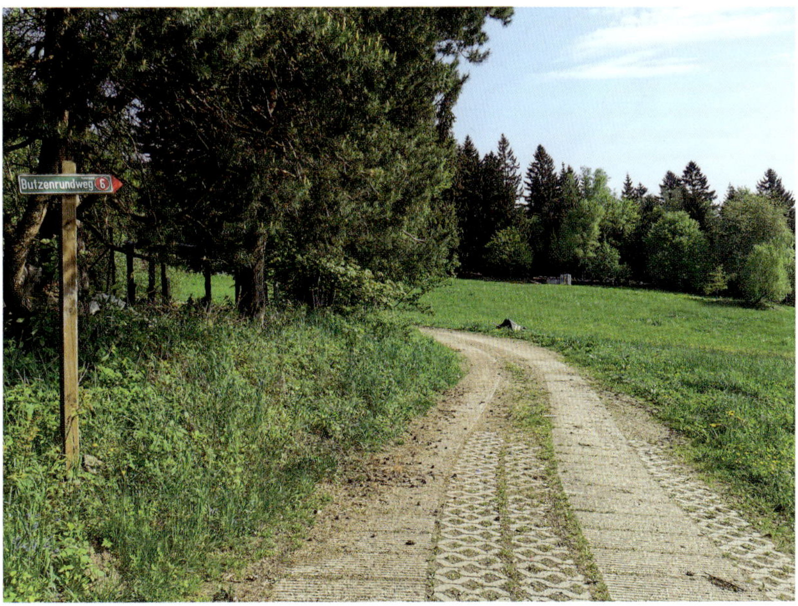

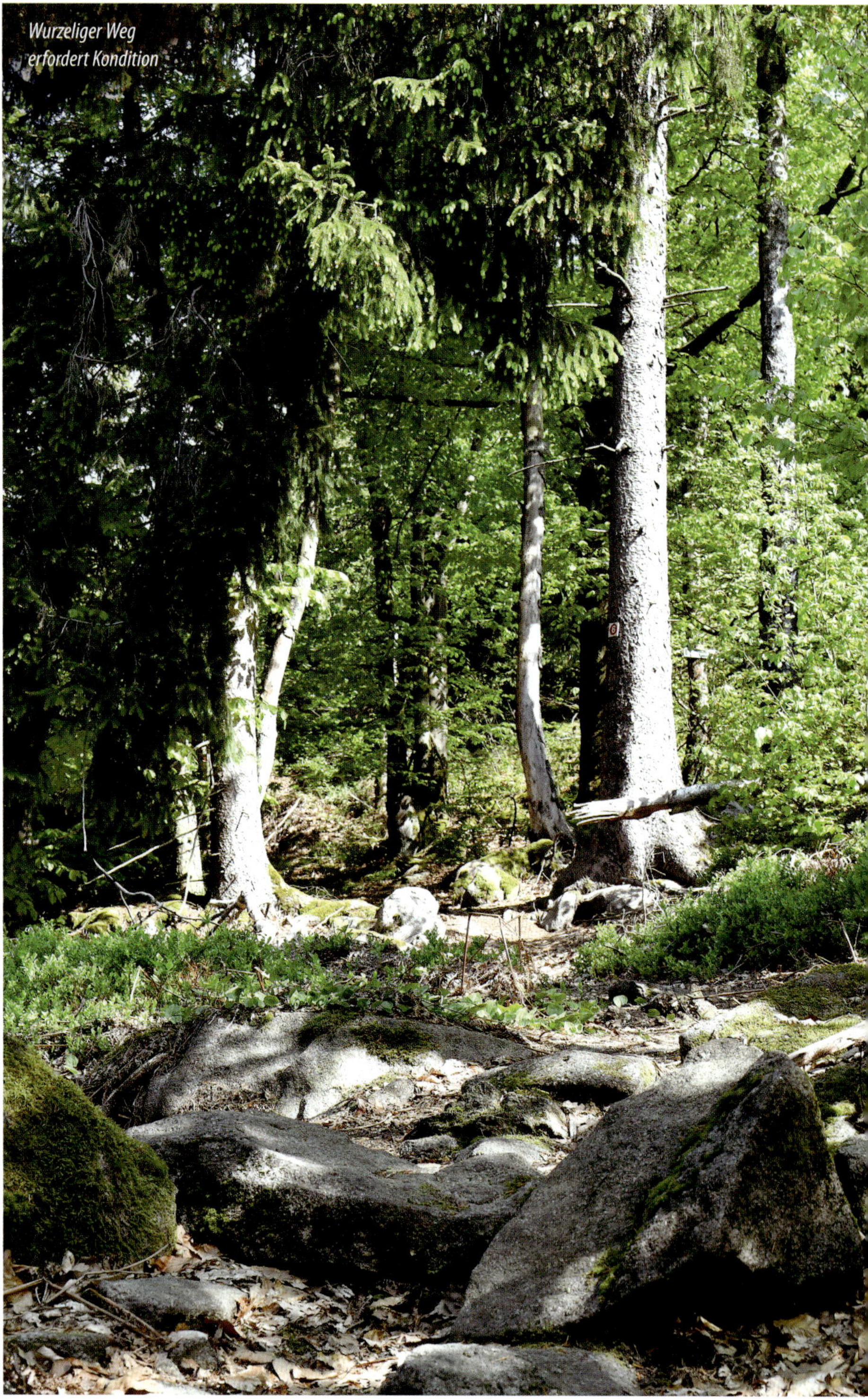

Wurzeliger Weg erfordert Kondition

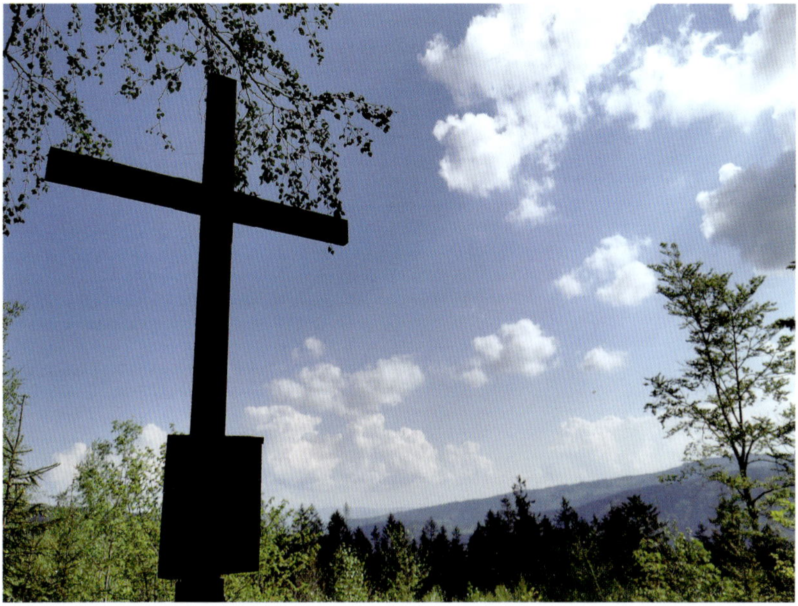

Butzenkreuz

Rote Punkte an Bäumen helfen bei der Orientierung, denn der Weg ist nur spärlich beschildert. Aber die Mühe lohnt sich, denn beim Butzenkreuz eröffnet sich ein herrlicher Blick auf den Vogelsang (Tour 9). Rückweg: Wir gehen ein Stück auf dem Hinweg zurück, bis wir zur ersten roten 6 kommen, biegen dann aber rechts ab, um nicht den gleichen Weg zurückzugehen und die Aussicht ins Gäubodental genießen zu können. Wir befinden uns nun auf der roten 5a, die hier aber leider nicht ausgeschildert ist. Nach ca. 100 Metern lichtet sich der Wald, da das Waldstück extrem ausgeholzt wurde, und unser Blick schweift bis nach Straubing ins flache Gäubodental mit gelben Rapsfelder-Klecksen im Frühjahr. Der Rückweg ist einfach und schneller, da es jetzt nur noch bergab geht. Wir kommen wieder zurück zum ursprünglichen Ausgangsrundweg (hier ist die rote 5a markiert) und weiter zum Startpunkt mit den Wandermarkierungen in Schneiderried 1.

Diejenigen, die in Edenstetten gestartet sind, folgen der ruhigen asphaltierten Straße bergab, vorbei an blühenden Wiesen und einem kleinen Bachlauf bis zur Abzweigung Martinstetten. Auch hier lädt eine Ruhebank mit Blick auf die Edenstettener Pfarrkirche und einem Wegkreuz zum Verweilen ein. Danach gehen wir weiter zur Dorfmitte und halten uns an der unübersichtlichen Weggabelung links. Wir gehen durch die schmale Straße geradeaus, vorbei an einem denkmalgeschützten Bauernhaus und sehen bereits den Sportplatz, unseren Ausgangspunkt, vor uns. Wer noch Lust hat, kann den kostenlosen Fitnessparcours am Fußballplatz 1a benutzen.

Zur Streuobstwiese

nach Oberkanetsberg mit tollen Panoramablicken

TOUR 04

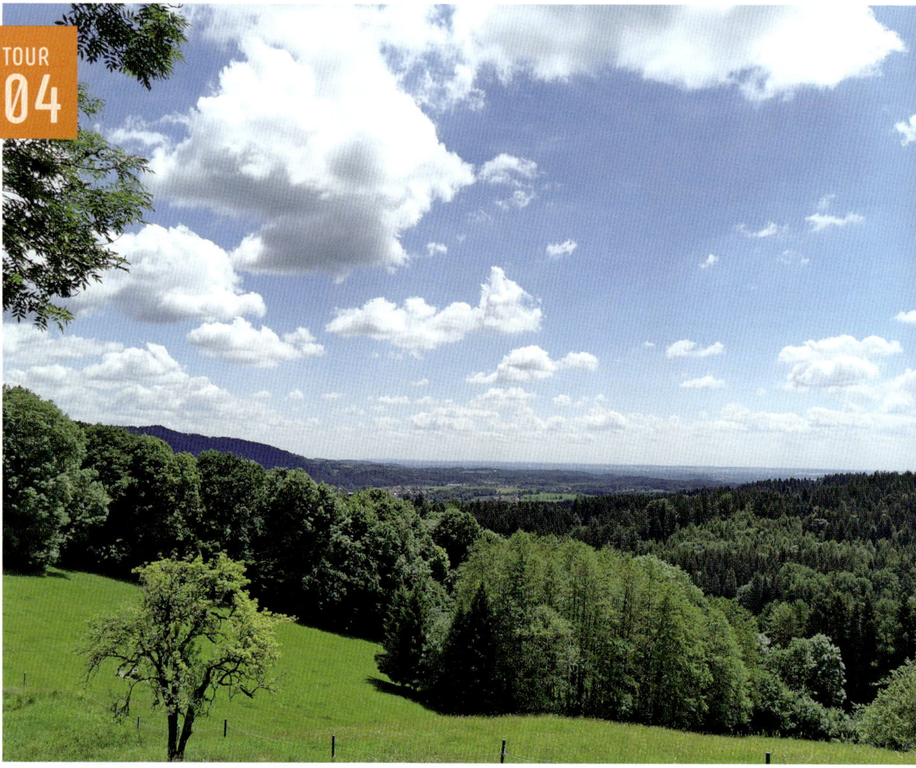

Start/Ziel: Feuerwehrhaus Edenstetten/Ortsteil Weibing
Navi: Kalteckerstraße 31, 94505 Bernried

Feuerwehrhaus Weibing – Abzweig Buchetwies – Gelber Wegweiser – Oberkanetsberg – Amtsfleck – Pommersberg/Hammet, Abzweig Waldkindergarten – Medernberg – Abzweig Steinbruch – Weibing – Feuerwehrhaus

Rote 5 – rote 9 – rote 6

Schöne Sonnen-Runde mit vielen Panoramablicken. Wanderung auch im Winter oder bei schlechtem Wetter möglich; teilweise asphaltierte Wege.

Keine Einkehrmöglichkeit während der Tour.

Engerlgasse 25a, 94505 Bernried
Tel. 09905 7400-24 oder 25

 Foto: Panoramablick

mittel | 9,5 km | 200 Hm | 3:30 h

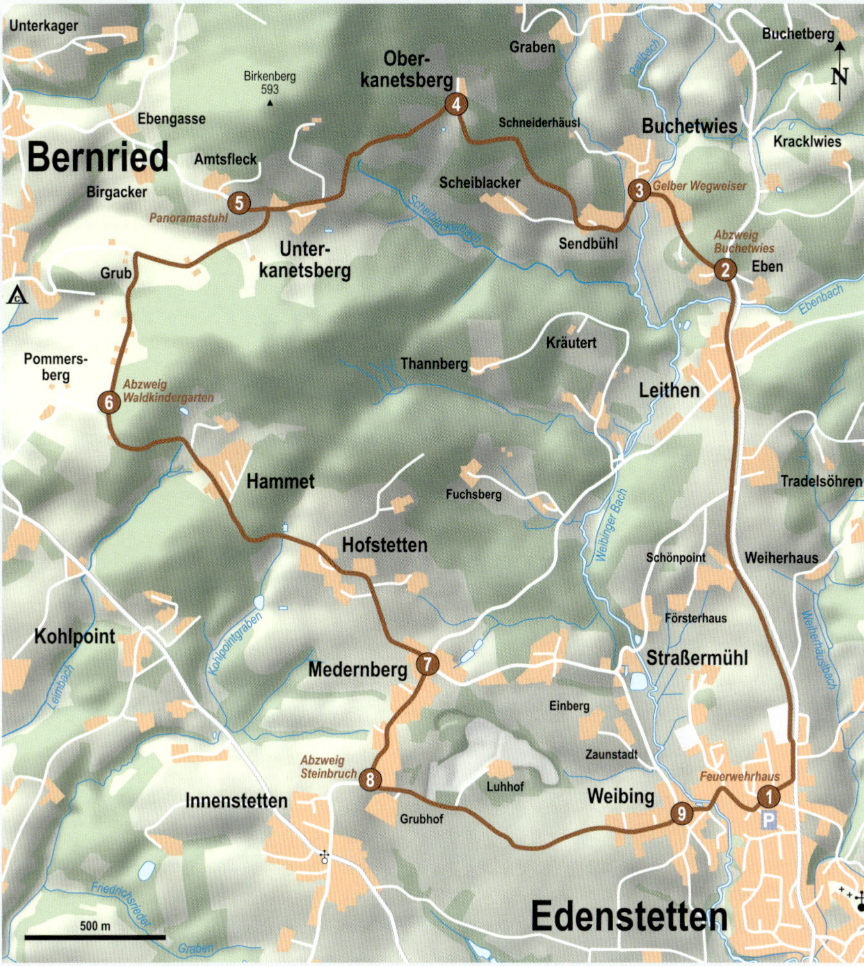

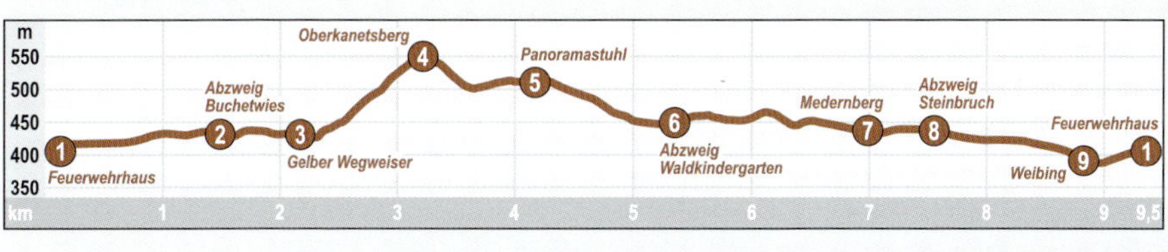

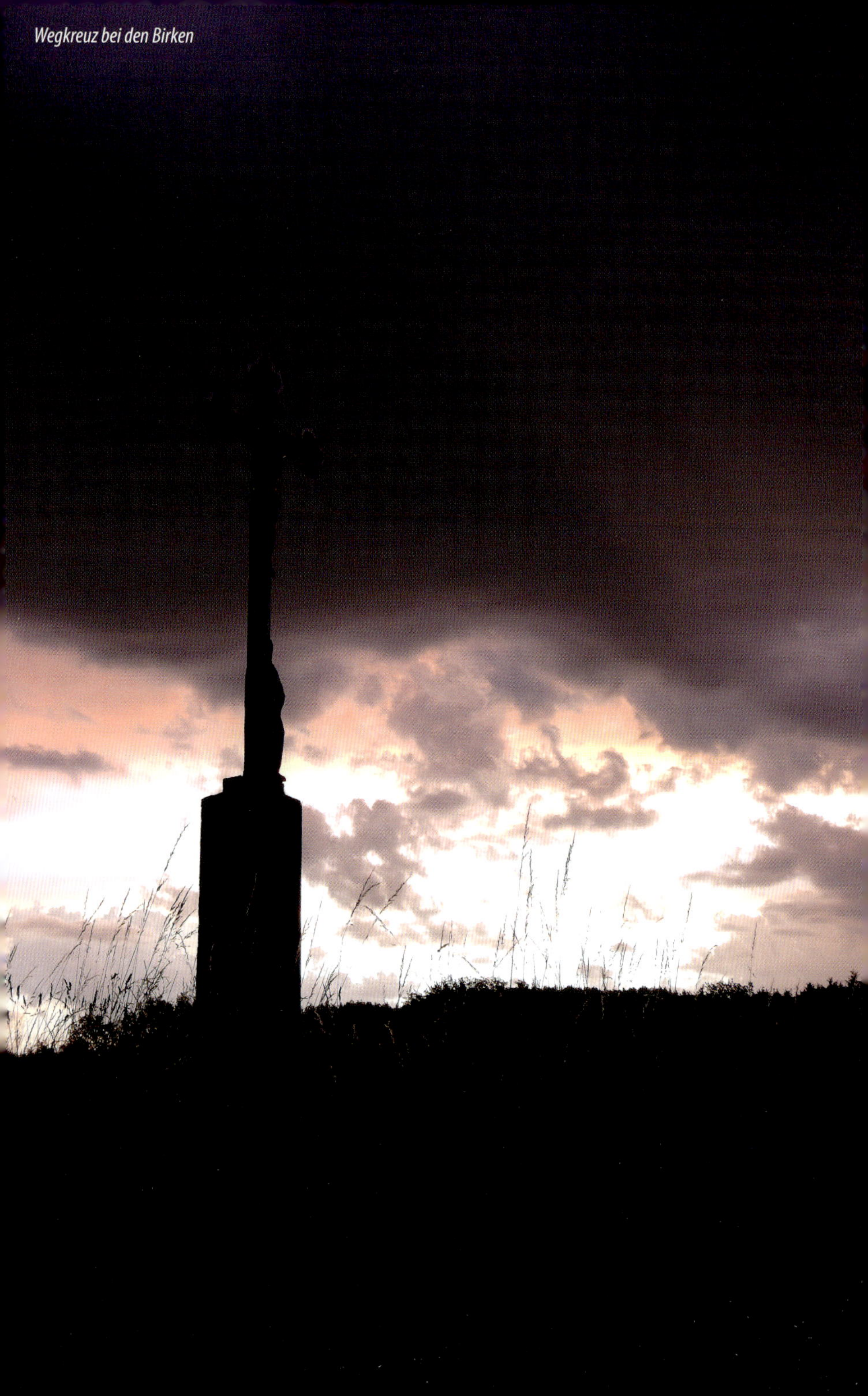

Wegkreuz bei den Birken

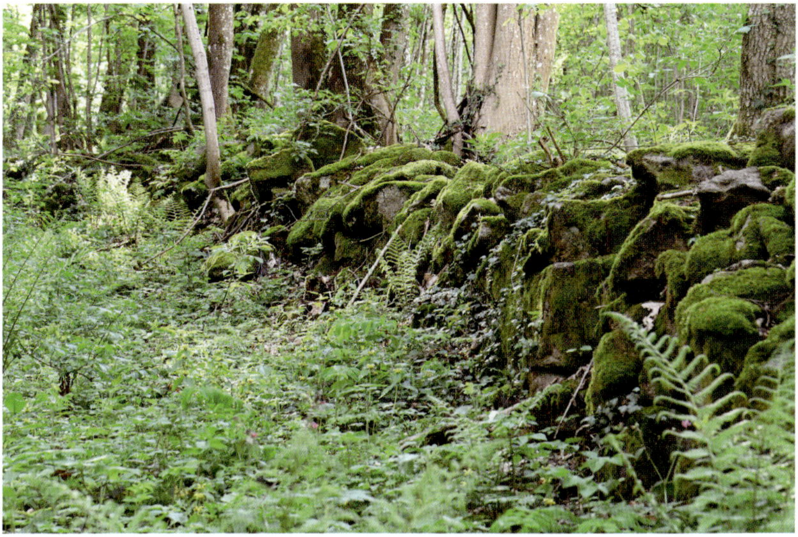

Steinwalle auf dem Weg nach Oberkanetsberg

Dieser abwechslungsreiche Rundweg startet am Feuerwehrhaus 1 in Edenstetten, wo man auch gut parken kann. Wir marschieren am Radweg und folgen der roten 5 auf weiß nach links bis zur Ortschaft Leithen, vorbei an einem Wegkreuz bei zwei Birken und einem weiteren Wegkreuz in Schönpoint mit einem Bildstock, der an ein Ernteunglück von 1892 erinnert. Der Blick auf Vogelsang und Hilling entschädigt die geräuschreiche Strecke entlang der Hauptstraße. Nach der Ortschaft Leithen geht es 50 Meter bergauf, und wir erreichen die Abzweigung nach Buchetwies 2 (Markierung rote 6), einem der schönsten Ortsteile der Gemeinde. Von hier aus erwartet uns eine idyllische Strecke. Wir folgen dem gelben Wegweiser 3 „Scheiblacker/Sendbühl" bzw. der roten 6 einen Kilometer bis nach Oberkanetsberg 4, vorbei an blühenden Wiesen, bis wir zu einem Spurplattenweg gelangen. Der Anstieg lohnt sich, denn von hier hat man einen traumhaften Ausblick ins Perlbachtal mit der Pfarrkirche Edenstetten bis zur Pfarrkirche in Berg. Der Weiler in Oberkanetsberg ist seit mehr als 1000 Jahren bewohnt. Oberkanetsberg war im 9. Jahrhundert mit das erste Rodungsgebiet des Klosters Metten. Im Frühling blühen hier rund 200 Streuobstbäume. Es handelt sich um eine der größten Streuobstwiesen in der Gemeinde Bernried. Im Herbst kann man mit ein bisschen Glück Hunderte von „Sunkäferln" (Marienkäfer) sehen. Wir gehen an einem alten Holzbackofen vorbei, bleiben auf dem Wiesenweg links bergab (Wegweiser rote 6, Amtsfleck 1 km) und sehen eingezäunte Rinder auf saftigen Wiesen weiden. Auf der Ruhebank kann man seinen Gedanken freien Lauf lassen und den Bussarden zusehen. Weiter geht es durch ein kurzes, nicht befestigtes Waldstück bergab, immer wieder umgeben von

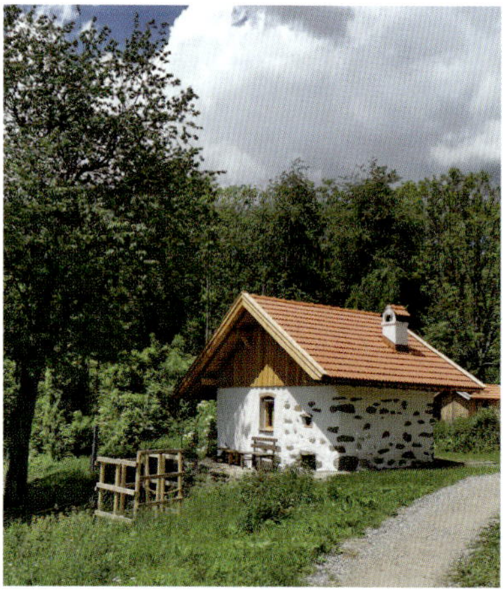

Vorbei am Holzbackofen

einem herrlichen Panoramablick. Wir marschieren immer geradeaus und erreichen „Amtsfleck" 5. Nun befinden wir uns auf einem Teil des klassischen Wanderwegs „Panoramaweg" (Tour 5) und können beim Aussichtspunkt „Panoramastuhl" (Abstecher 50 Meter nach rechts) den Panoramablick ins Gäubodental genießen.

Unsere Tour führt uns entlang der Beschilderungen mit der roten 9 bergab auf asphaltierter Straße, immer das Panorama im Blick, bis zur Abzweigung rechts nach Pommersberg/Waldkindergarten 6. Dieser Beschilderung folgen wir nach links und gehen am Waldkindergarten vorbei, weiter durch die Ortschaft Hammet bis nach

Durch den Mischwald am Waldkindergarten vorbei

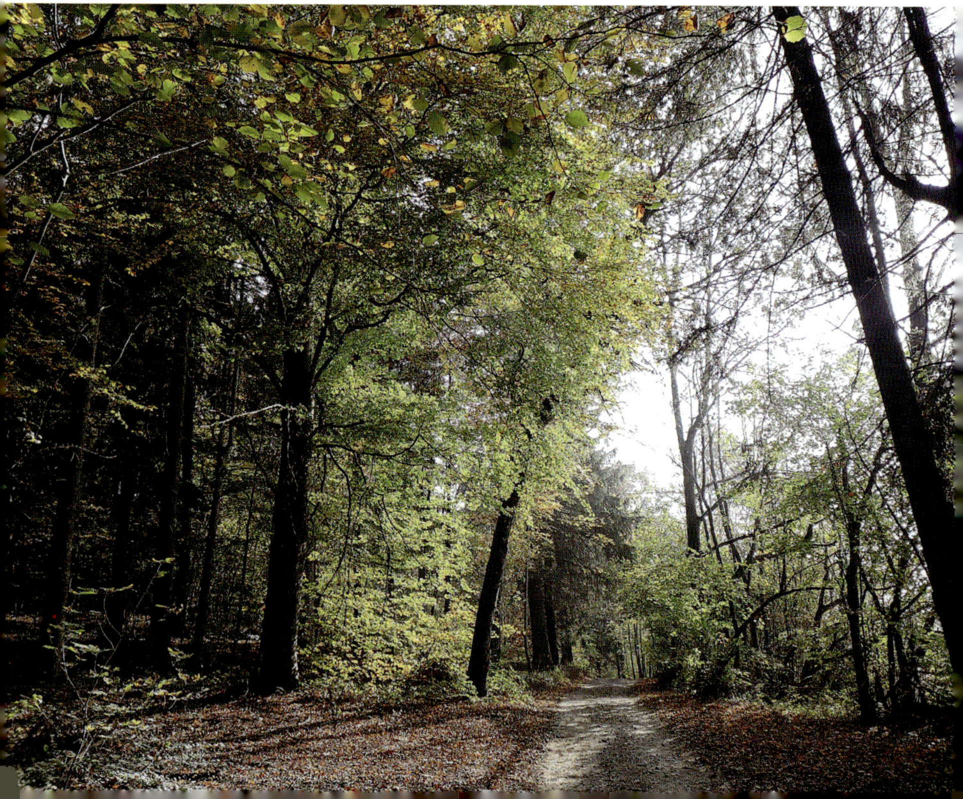

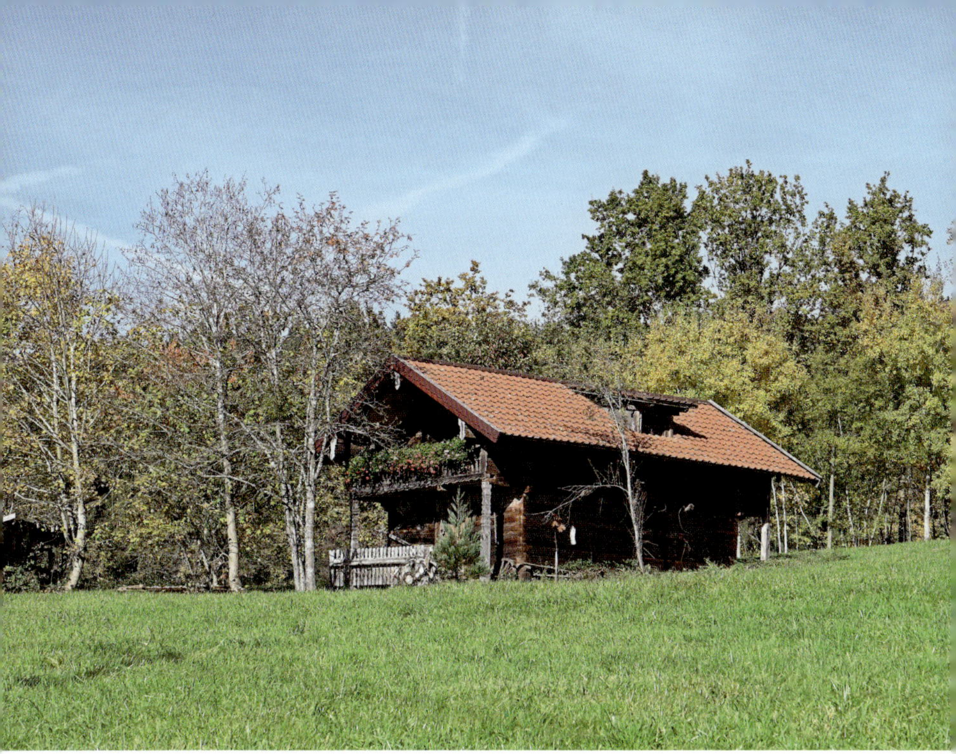

Vorbei am denkmalgeschützten Troidkasten

Medernberg. Ein gut erhaltener, alter Troidkasten vor Medernberg steht unter Denkmalschutz. Wir bleiben auf der asphaltieren Straße bis zur abbiegenden Vorfahrtsstraße. (Hier könnte man geradeaus bis zum Ausgangspunkt abkürzen.) Wir wandern nach rechts durch den Ortsteil Medernberg 7 und biegen nach dem Ortsschild und den letzten Häusern auf der linken Seite links ab in Richtung Steinbruch 8. Noch heute wird dort Granit abgebaut. Beeindruckend liegen die Hügellandschaft und ein altes Bauernhaus, das den Namen „Amerikanerhaus" trägt, vor uns. Der gut präparierte Weg mündet in einen asphaltierten Weg, und wir gehen an den Wohnhäusern vorbei bis zur Straßenkreuzung (rote 9) und verlassen den Ortsteil Weibing 9. Hier biegen wir rechts ab und überqueren den Perlbach, dann immer geradeaus, bis wir das ehemalige Feuerwehrhaus und jetzige Vereinslokal der Taubenzüchter sehen. 10 Meter sind es noch bis zur Hauptstraße, wonach wir links zum Ausgangspunkt 1 gelangen.

Panoramarundweg Bernried

mit traumhaften Ausblicken

TOUR 05

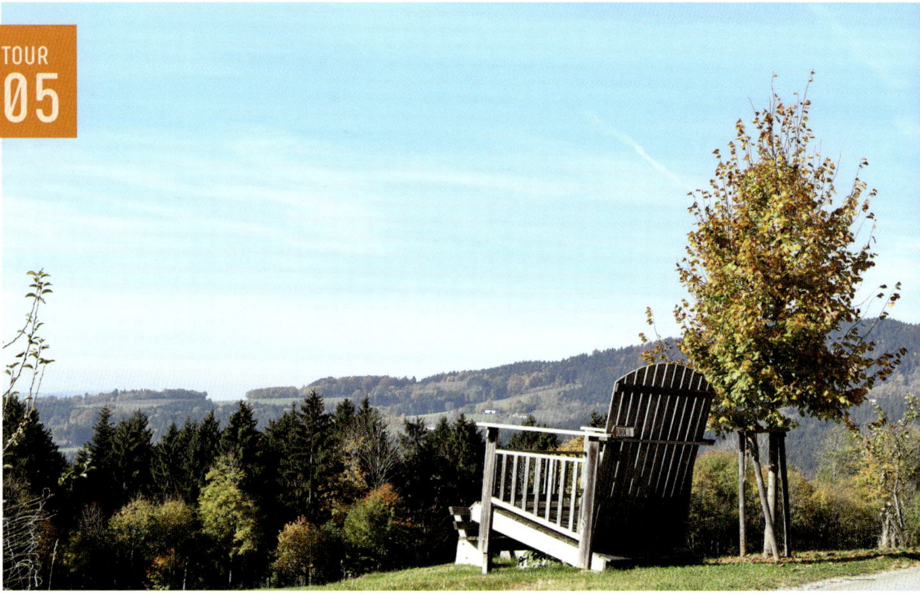

Museumsstadl Bernried
Navi: Pitzen 2a, 94505 Bernried

Museumsstadl Bernried in Pitzen – Fritschkreuz-Krin – Sägewerk Sagstetter Böbrach – Hochwies – Rastplatz „Schwammerl" – Campingplatz – Pitzen

Rote 9, kurz rote 2

Rundweg/Höhenweg durch Waldstücke mit wechselnden Panoramablicken und knackigen An- und Abstiegen. Wer die Route abkürzen möchte, folgt zwischendurch einfach den Schildern in Richtung Bernried.

Gasthaus/Berghotel Staufert
Böbrach 12, 94505 Bernried
Tel. 09905 435
www.berghotel-staufert.de

Hotel Bernrieder Hof
Bogener Str. 9, 94505 Bernried
Tel. 09905 7409-0
www.bernrieder-hof.de

Gasthaus/Landhotel Winterl
Engerlgasse 18, 94505 Bernried
Tel. 09905 261
www.hotel-winterl.de

Engerlgasse 25a, 94505 Bernried
Tel. 09905 7400-24 oder -25

Öffnungszeiten Museumsstadl:
März bis Oktober nach Vereinbarung; Anmeldung über Tourist-Information Bernried

 Foto: Panoramablick am Amtsfleck

mittel | 11 km | 340 Hm | 3:30 h – 4:00 h

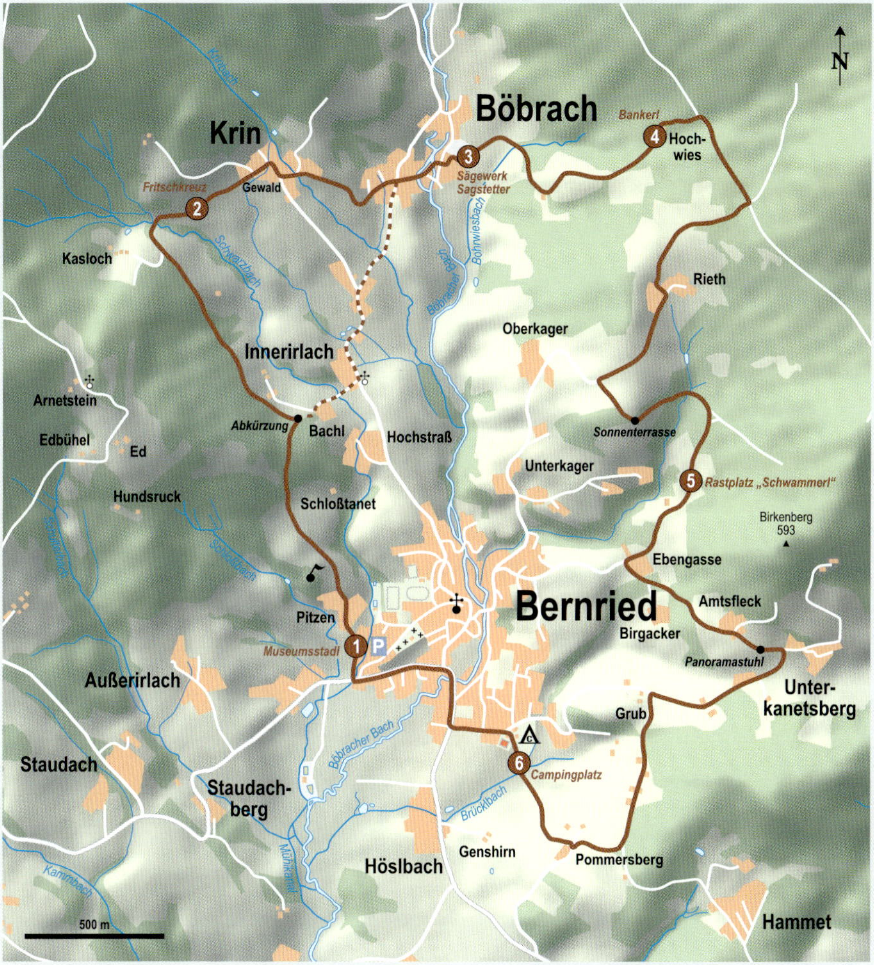

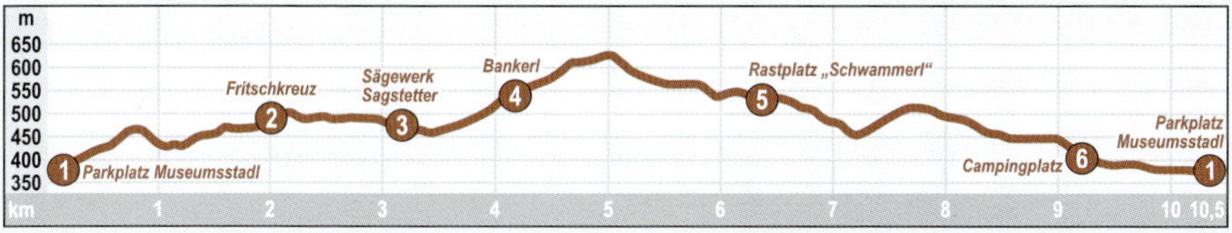

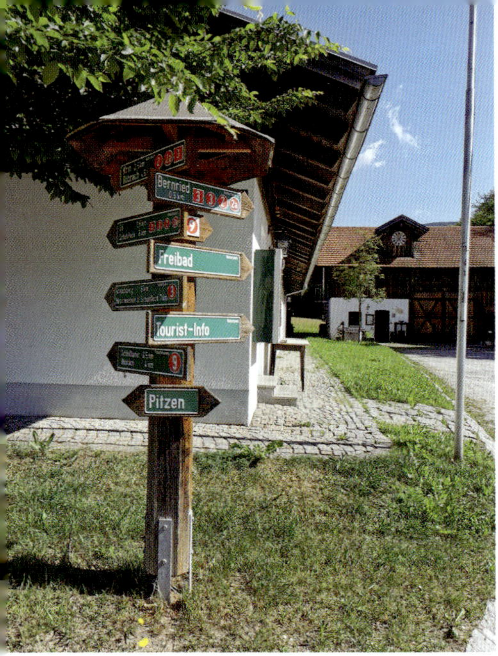

Wegweiser Museumsstadl

Wir starten am Museumsstadl 1 und folgen der roten 9 nach Schloßtanet 0,5 km. Links nach dem Bauernhof sehen wir eine Erhöhung umgeben von Wald. Hier stand einst die ehemalige Pitzenburg aus dem 12. Jahrhundert. Mauerreste sind auf der Nordseite des bewaldeten Hügels zu sehen. Im Frühling ist der Hang mit blauem Immergrün übersäht. Der Spurplattenweg ist gesäumt von saftigen Blumenwiesen, Dotterblumen, Hahnentritt, Margeriten und unberührter Natur. Blickt man nach rechts, ist die Bernrieder Pfarrkirche zu sehen. Nun folgen wir dem markierten Weg (rote 9) geradeaus, bis dieser bei Schild und Rastbank „Schloßtanet" in den Wald mündet. Der Wurzelweg ist unbefestigt und führt uns zu einer Weggabelung im Wald (Anschluss zu Tour 10). Wichtig: Wir bleiben auf der roten 2 geradeaus und lassen uns durch andere Wegmarkierungen nicht beirren. Am Ende des Waldweges biegen wir links ab. Achtung: Beschilderung ist nicht leicht zu sehen. (Biegt man rechts ab, erreicht man eine geteerte Straße: Abkürzung über Innerirlach nach Böbrach.) Unser Weg und das Waldstück sind idyllisch. Wir kommen über Bachl in Richtung Krin-Kasloch zur geteerten Dorfstraße, biegen rechts

Fritschkreuz

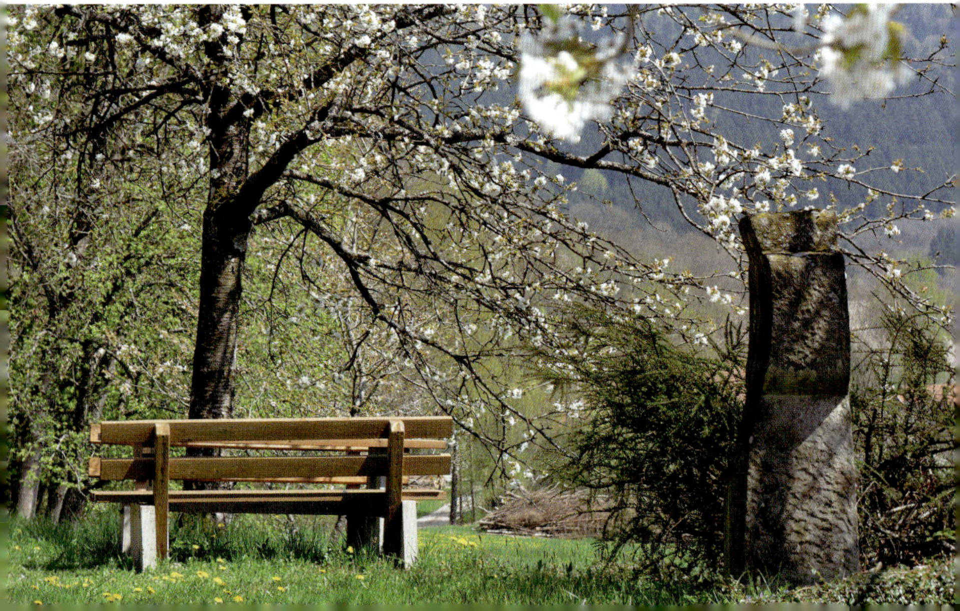

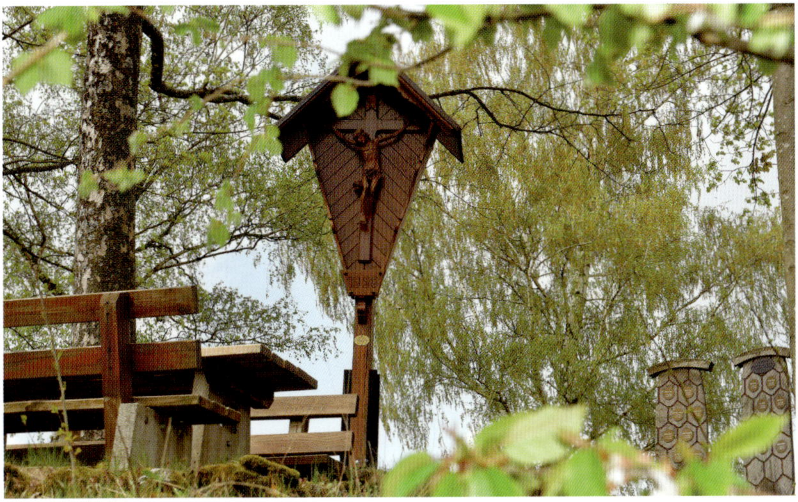

Totenbrettanlage und Wegkreuz nach Krin

ab und machen Rast beim Fritschkreuz 2, benannt nach dem langjährigen Landrat Walter Fritsch. In Krin sehen wir versteckt am Hofrand ein Gedenkkreuz und biegen hier nach links in Richtung Böbrach ab. Hier ist die Beschilderung ausreichend. Wir kommen an einem Hirschgehege und einem Bankerl mit Wegkreuz und Totenbrettanlage vorbei. Von hier aus erreichen wir in Kürze die Ortsmitte von Böbrach, überqueren die Hauptstraße und folgen der roten 9 bis zum Sägewerk Sagstetter. 3 Hier bietet sich an, nach Böbrach (rote 3) ins Gasthaus Staufert zu wandern und eine Pause einzulegen (1 km). Unser Panoramaweg „rote 9" wird nun anstrengend, nachdem wir den Hof des Sägewerks durchquert haben und uns auf einem Spurplattenweg ansteigend zum Böbracher Wald befinden. Wir genießen die Hochebene und den Panoramablick zurück und verschnaufen am Bankerl in Hochwies. 4 Dann nehmen wir den Weg geradeaus in den Wald. Der Weg ist wurzelig und steinig, gesäumt von üppigen Farnen am Wegesrand und plätschernden Quellen. Wir kommen an eine Querstraße. Der Panoramaweg begibt sich rechts nach Rieth im Winkel (560 m NN). Nach einem kurzen geraden Waldstück öffnet sich erneut ein schöner

Spurplattenweg zur Hochwies

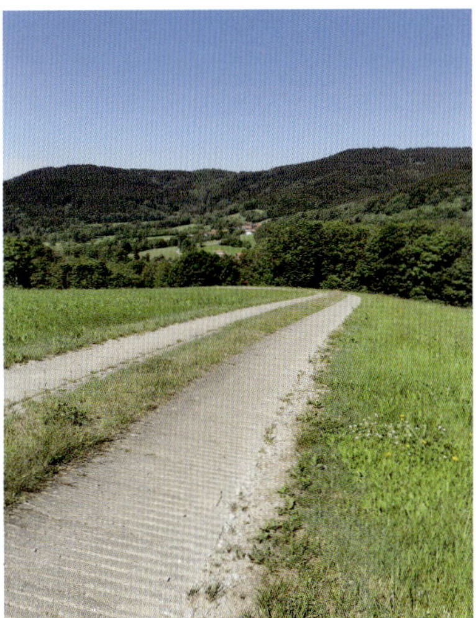

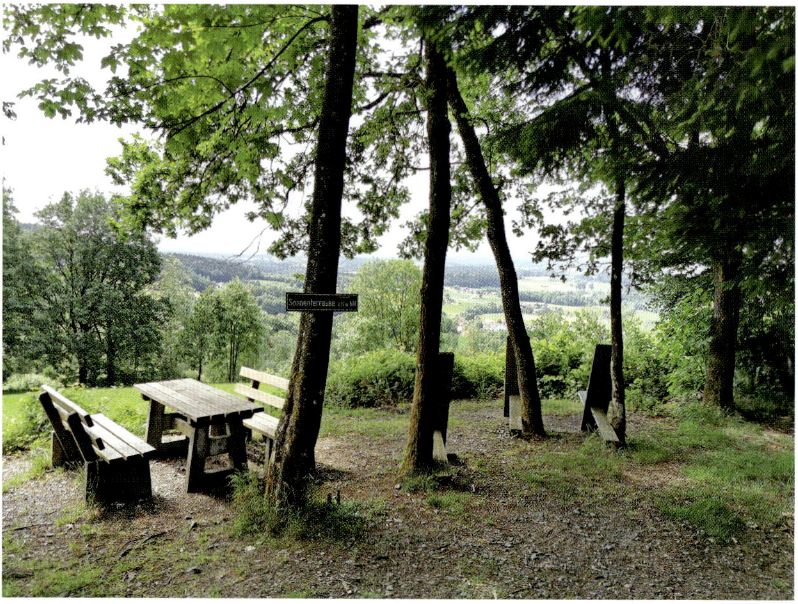

Sonnenterrasse

Blick ins Bernrieder Tal, vorbei an blühenden Wiesen und Feldern. Der Anstieg hat sich gelohnt. Der Wanderweg führt nun angenehm bergab durch einen alten Bauernhof in Rieth, und wir befinden uns auf der Gemeindestraße Rieth-Bernried. Kurz darauf gelangen wir zu einem Rastplatz und können von hier aus das gesamte Bernrieder und Böbracher Panorama genießen. Wir folgen der Markierung „rote 9" links 300 Meter am Waldrand in Richtung Wasserschutzgebiet, vorbei an der herrlichen Sonnenterrasse, einem Aussichtspunkt mit Holzstühlen, und kommen schließlich zum Rastplatz „Schwammerl" 5, einer Rastbank in Pilzform mit weitem Blick ins Donautal.

Weiter geht es in Richtung Ebengasse und an der Straßengabelung links zum Amtsfleck. Am Panoramastuhl kann man wiederum einen tollen Fernblick genießen (mit Blick ins Donautal). Wir folgen der Straße bergab bis zur nächsten Abzweigung links nach Pommersberg, erneut mit schönen Ausblicken auf das Bernrieder Tal. Nach Ende der letzten Häuser bleiben wir auf der Straße, bis kurz vor einem alten Bauernhaus die Markierung 9 zu sehen ist (Achtung: versteckt am Wegrand). Links sehen wir die Wiese vor dem Waldkindergarten. Wir biegen rechts ab und marschieren auf dem Wiesenweg an einem Wegkreuz vorbei. Kurz vor uns liegt der Campingplatz. 6 Hier biegen wir links ab auf die Gemeindestraße und kommen kurz darauf auf die Hauptstraße, die uns durch den Ortsteil auf dem Rad- und Fußweg zum Ausgangsort Pitzen/Museumsstadl 1 führt. Hier haben wir die Möglichkeit, im Hotel Bernrieder Hof einzukehren oder neben der Kirche im Gasthaus Winterl. Beide haben eine sehr schöne Terrasse.

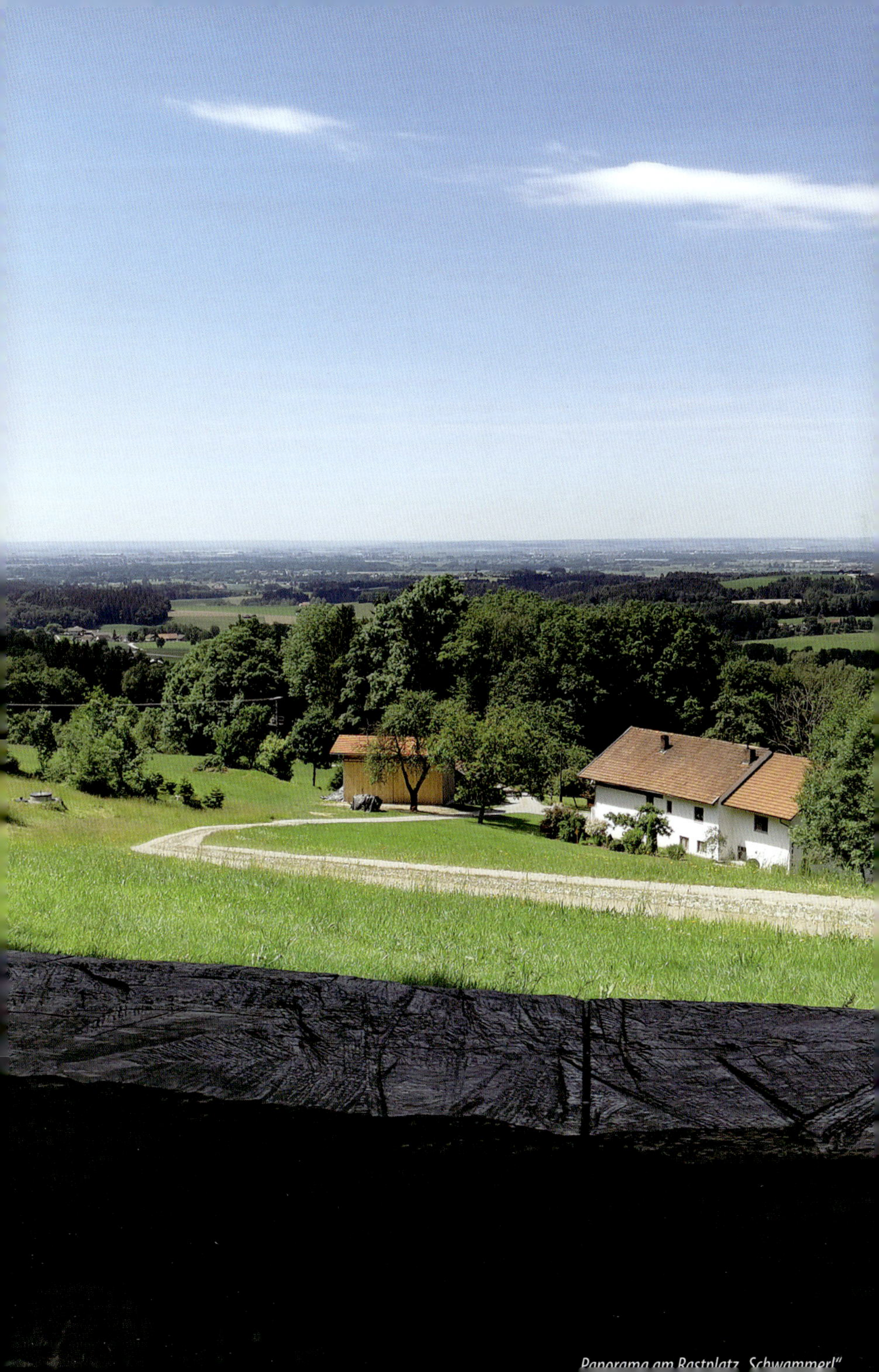

Panorama am Rastplatz „Schwammerl“

Böbracher Winterwanderung

zum Wasserfall mit Einkehr

TOUR 06

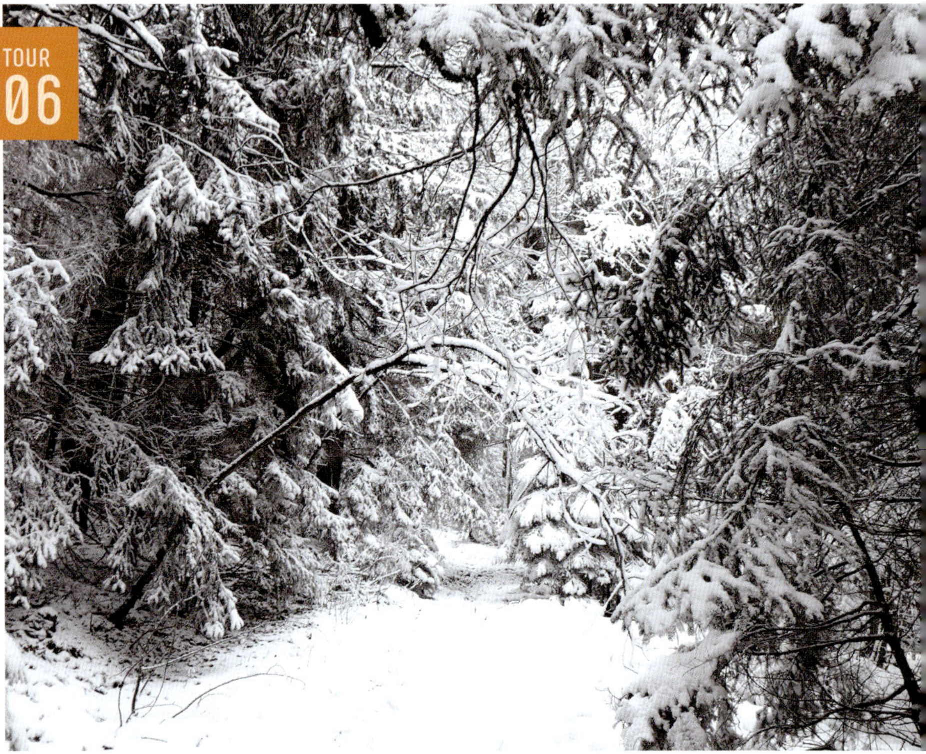

Wanderparkplatz/Navi: Böbrach 12, 94505 Bernried

Wanderparkplatz Böbrach – Gläserner Röhrl-Brunnen – Dampfsäge – Abzweigung Böbrach/Wanderweg Nr. 4 – Berggasthof Staufert/Wanderparkplatz

Rundweg Böbrach Wanderparkplatz – Skihütte – Wanderroute Rote 2a und Rote 4 – Böbrach

Idyllische Wanderung mit Abstecher zu einem versteckten Wasserfall mit Ruhebank; sehr schön im Winter (ohne Schneeschuhe begehbar); durch den längeren, kontinuierlichen Anstieg ist etwas Kondition gefordert. Auch im Sommer wunderschön.

Berghotel Staufert
Böbrach 12, 94505 Bernried
Tel. 09905 435
www.berghotel-staufert.de

Engerlgasse 25a, 94505 Bernried
Tel. 09905 7400-24 oder 25

Foto: Trampelpfad durch den Wald

leicht | 4 km | 190 Hm | 1:30 h – 2:00 h je nach Kondition und Schneehöhe

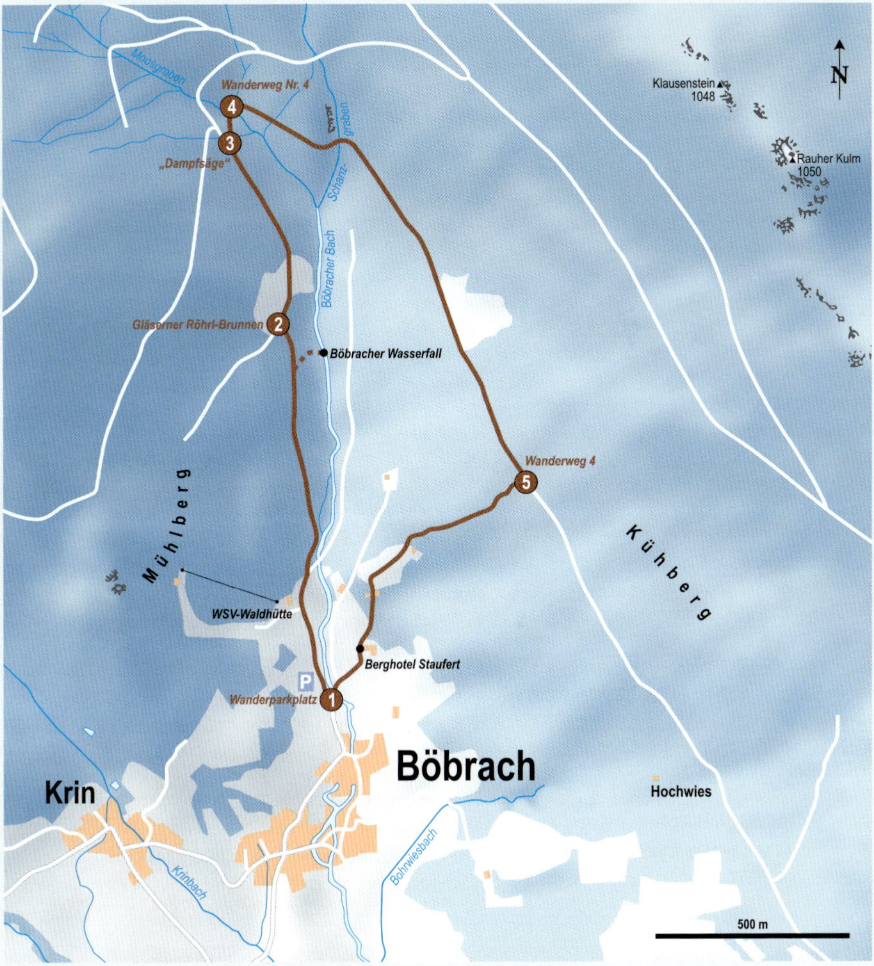

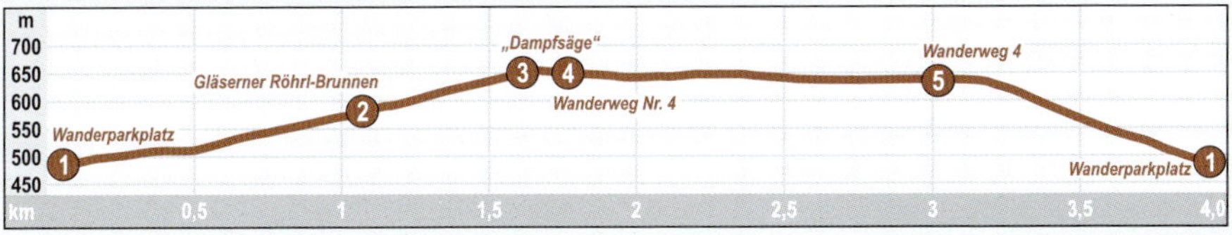

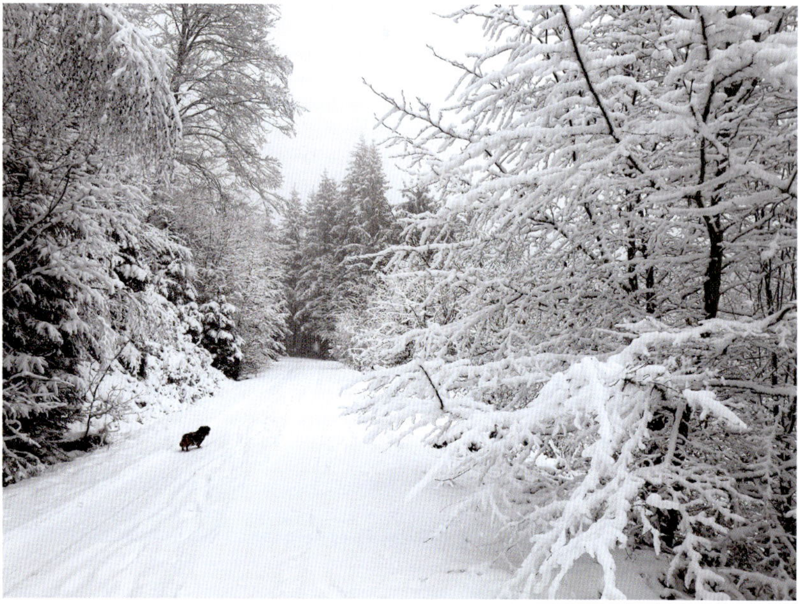

Der Winterwanderweg ist auch ohne Schneeschuhe begehbar

Wir starten am beschilderten Wanderparkplatz in Böbrach ❶ und folgen der Markierung „Zum Wasserfall" bzw. der roten 2a. Der Sommer- und Winterwanderweg führt uns an der Wintersportvereins-Waldhütte vorbei mit einem stetigen, leichten Anstieg. Nach ungefähr 1,5 Kilometern kommen wir zur Markierung „Wasserfall". Es lohnt sich, diesen kurzen Abstecher zu machen. Im Winter ist die Wanderung besonders schön, wenn die mit Schnee bedeckten Zweige in den Weg ragen. Wir sehen den „Gläsernen Röhrl-Brunnen" ❷ und bleiben auf der roten 2a. Der Weg ist auch mit Schneeschuhen begehbar. Der kontinuierliche Anstieg endet bei der Abzweigung „Dampfsäge". ❸ Die Infotafel erinnert an eine ehemalige Dampfsäge. Wir biegen mit der Markierung „rote 4" rechts nach Böbrach ab ❹. 3 Kilometer lang genießen wir das Winter-Wonderland, den Winterwald wie aus dem Märchenbuch. Mit ein bisschen Glück kann man Rehe an den Futterstellen und Hasenspuren sehen. Nach 1,5 Kilometern kommen wir zur Abzweigung, die uns nach Böbrach (rote 4) führt. ❺ Achtung: Es geht auf einem „Trampelpfad" durch schneebedeckte Bäume hindurch, zum Teil rutschig bergab erwartet uns ein idyllischer Rückweg. Am Waldrand sehen wir links ein Ferienhaus und in 500 Metern erreichen wir auf einer befestigten Straße unseren Ausgangspunkt. Eine Einkehr im Berghotel Staufert kurz vor dem Wanderparkplatz ❶ ist ein Muss. Den hausgemachten Kaiserschmarrn sollte man sich nach der Tour nicht entgehen lassen.

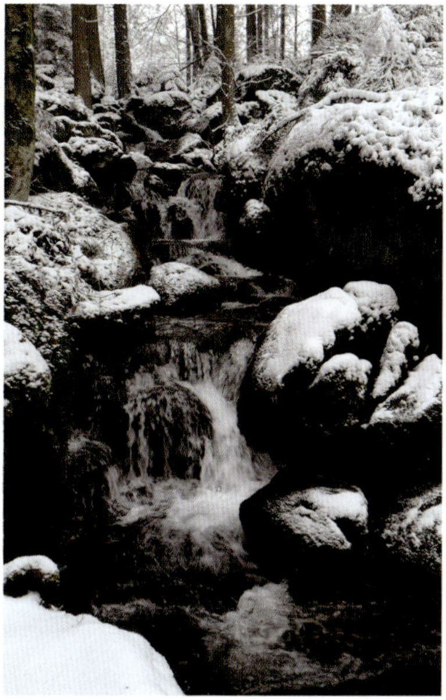

Abstecher zum Wasserfall

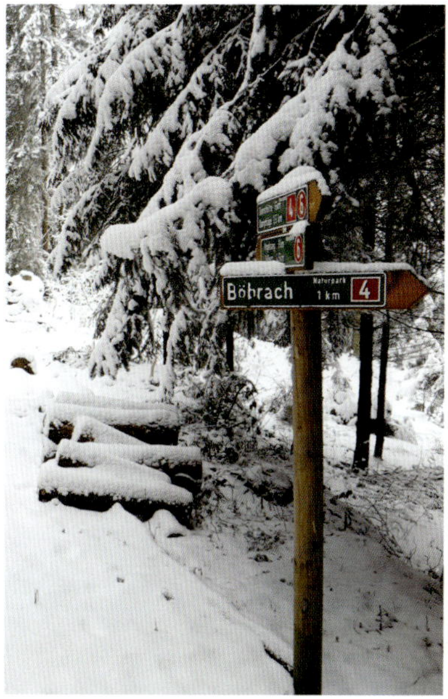

Der Rundweg ist erweiterbar

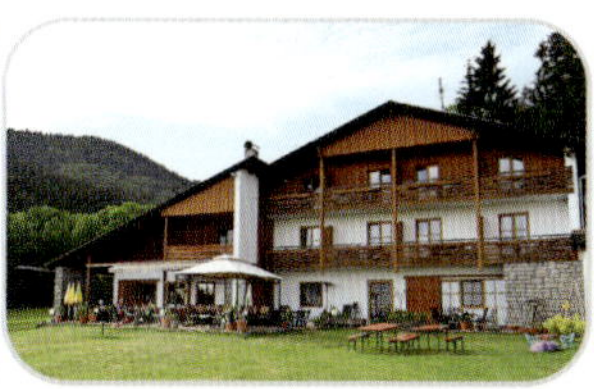

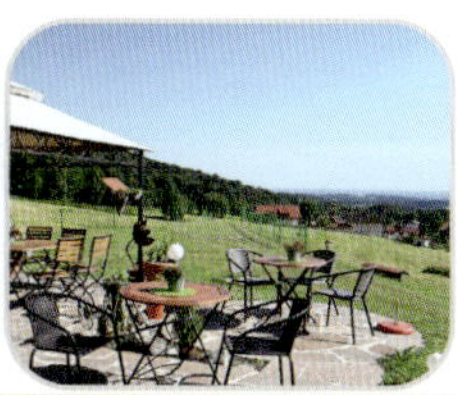

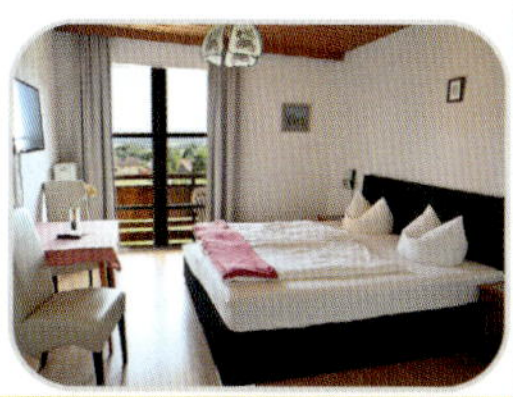

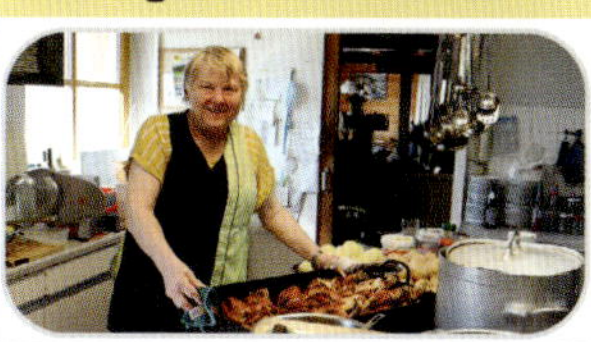

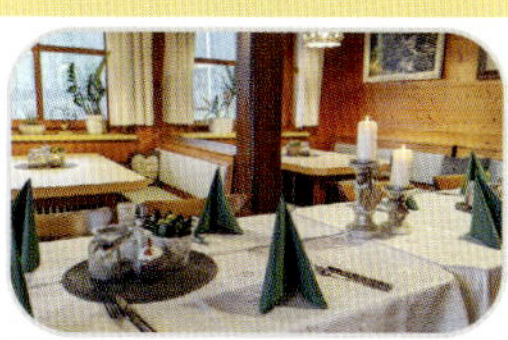

Zur versteckten Hirschmannhütte

durch das Naturreservat

TOUR 07

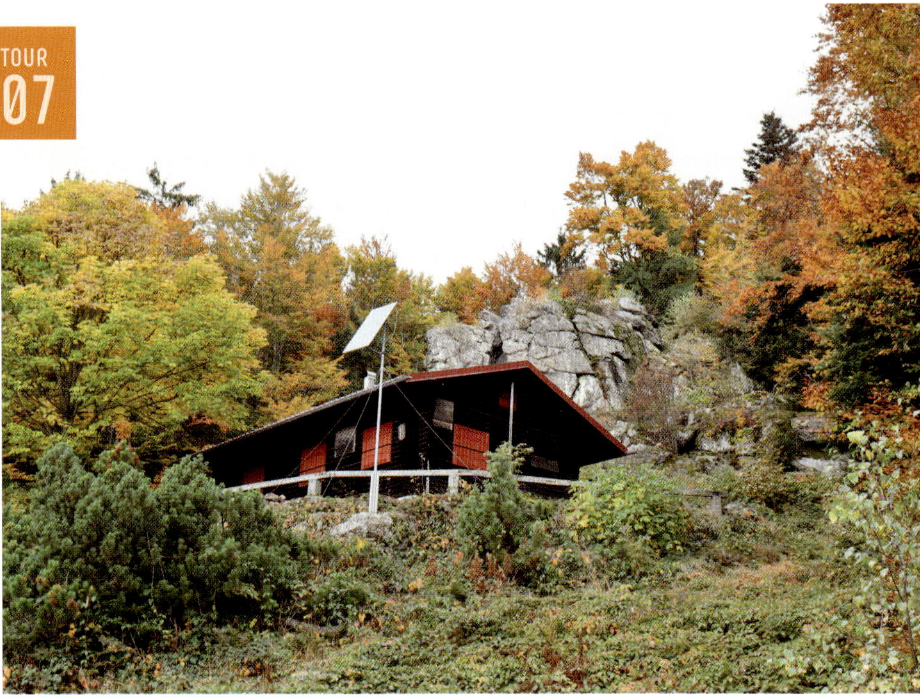

Start/Ziel: Wanderparkplatz Kalteck beim ehemaligen Hotel
Navi: 94240 Achslach, Ortsteil Kalteck

Kalteck Wandertafel – Abzweig links/Goldsteig – Weggabelung Lichtung mit verschiedenen Markierungen – Hirschmannhütte – Schutzhütte – Schutzhütte und Infotafel – Kalteck Wanderparkplatz

Rote 2, Goldsteig

Traumhafte Wanderung (vor allem im Herbst) durch einen gesunden Bergmischwald; wurzelige Waldwege und breite Forstwege wechseln sich ab; im Winter ist die Route nur bis zur versteckten Hirschmannhütte am Kalteck begehbar. Die Hütte liegt auf ca. 950 m unterhalb des Rauhen Kulms (1020 m) versteckt im Wald und ist nicht bewirtschaftet und nicht geöffnet. Der Ausblick ins Donautal ist einmalig.

Keine Einkehrmöglichkeit während der Tour.

Achslach, Dorfplatz 4, 94250 Achslach
Tel. 09929 902013

 Foto: Hirschmannhütte mit Kletterfels

mittel | 5 km | 190 Hm | 2:00 h

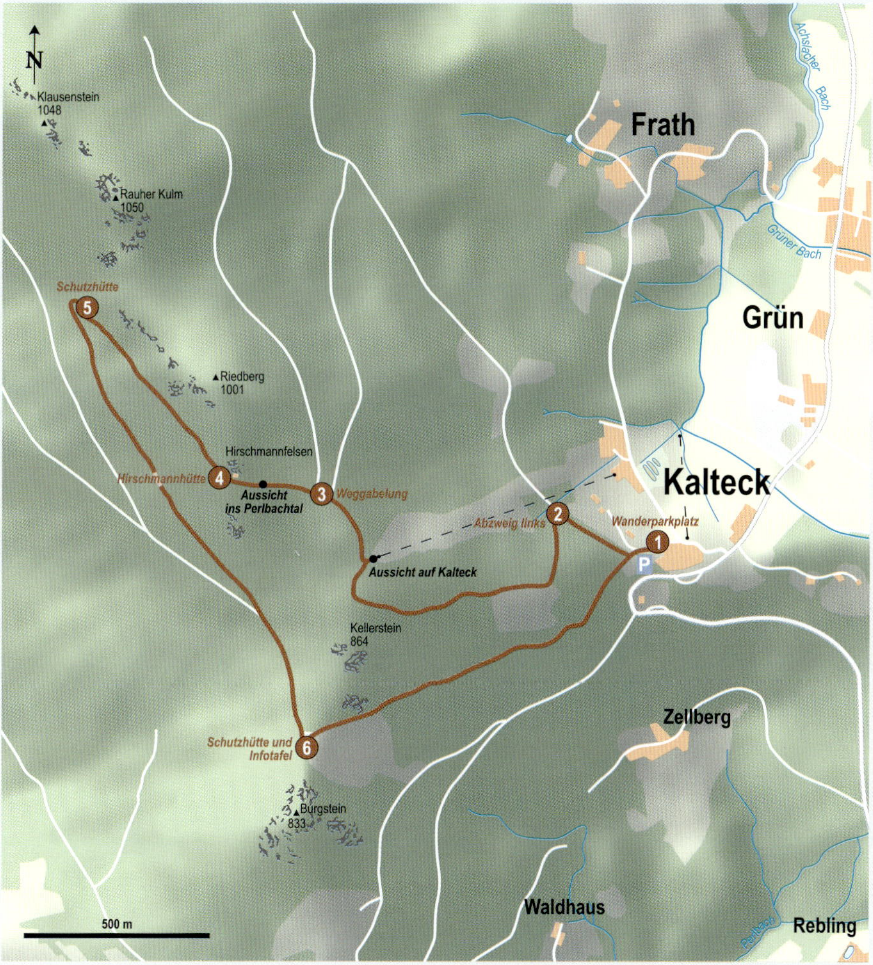

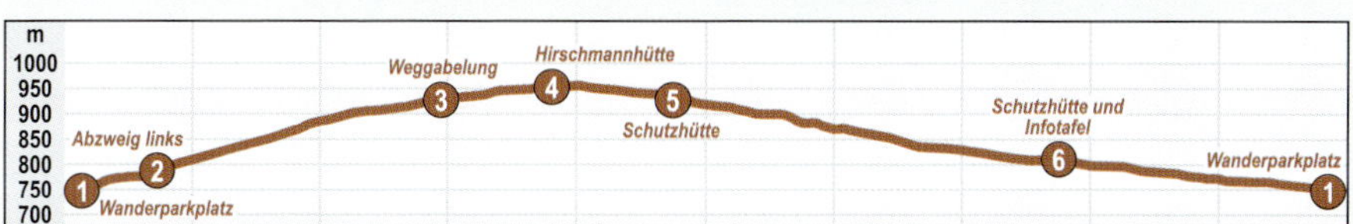

Wunderschöner Weg
durch den Mischwald

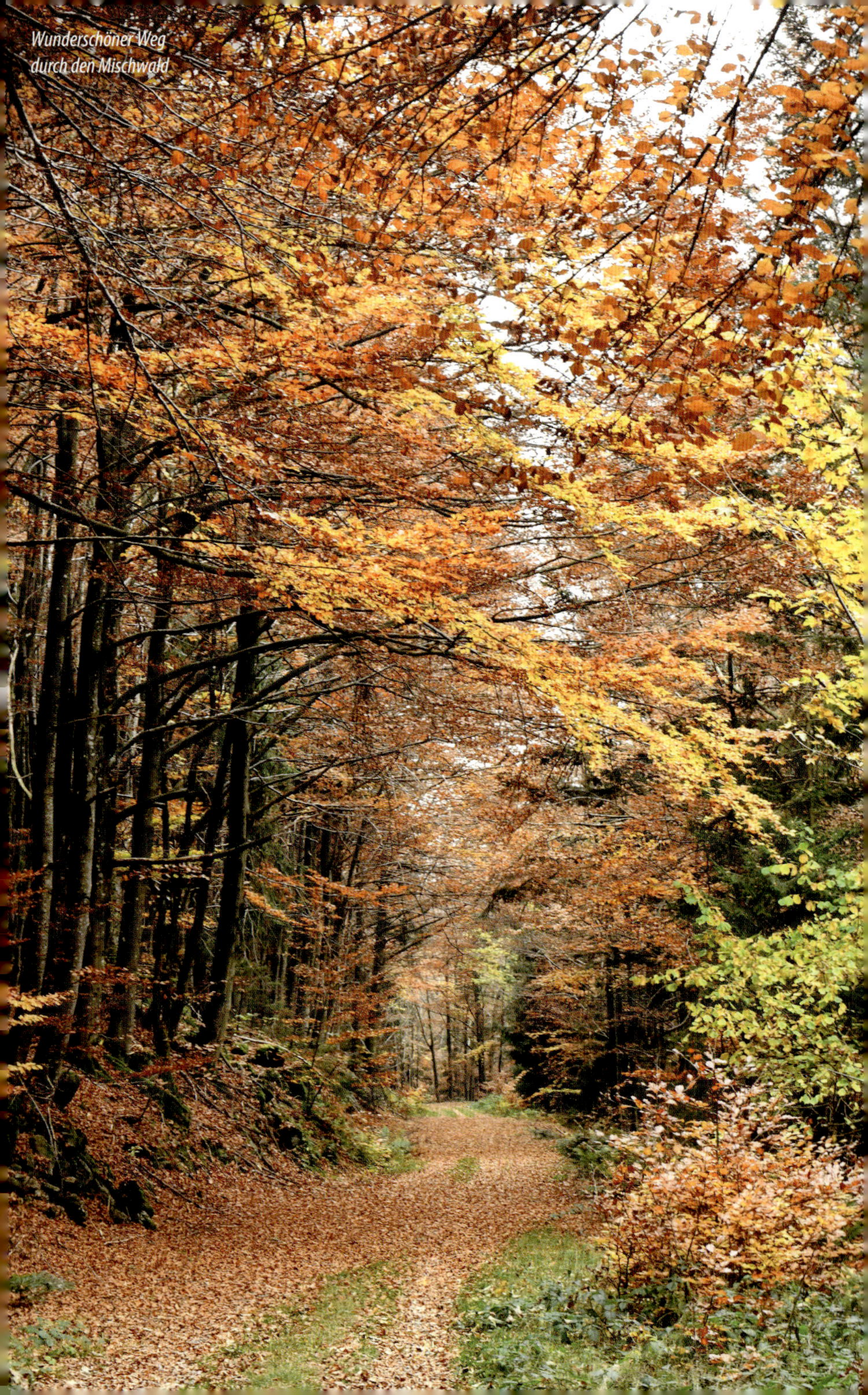

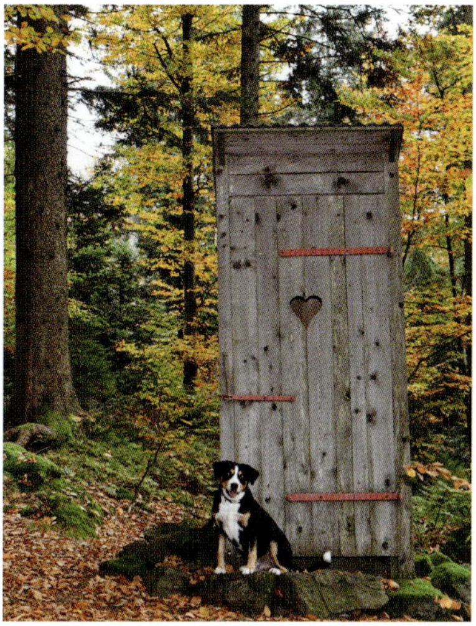

Plumpsklo

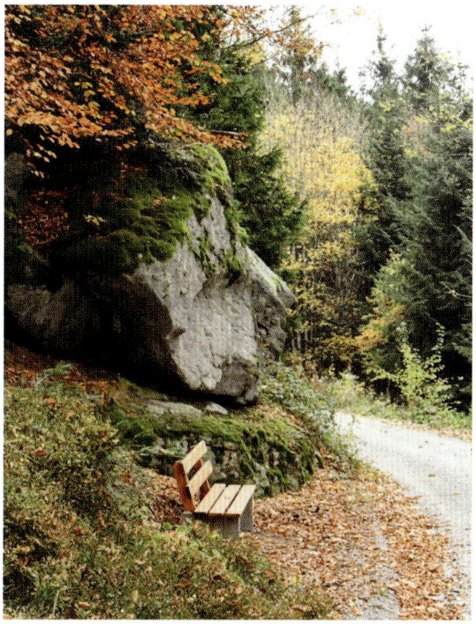

Rastplatz mit Aussicht

Wir starten am Wanderparkplatz in Kalteck bei der Wandertafel ❶ und folgen für nur 200 Meter der roten 2 bzw. der Beschilderung „Um den Rauhen Kulm" rechts auf der Forststraße. Nach ca. 200 Metern ❷ biegen wir nach links in den Wald ab. Achtung: Die Abzweigung ist unscheinbar und die Beschilderungen am Baum nicht sofort ersichtlich. Wir folgen nun der Goldsteig-Beschilderung. Der steinige und wurzelige Aufstieg durch den idyllischen Wald lohnt sich, und nach weiteren 600 Metern kommen wir am stillgelegten Skilifthäuschen vorbei und queren die einstige Liftschneise mit Blick auf Kalteck.

Wir bleiben auf dem Weg, bis wir nach weiteren 200 Metern zur nächsten Weggabelung und Lichtung im Wald mit verschiedenen Wandermarkierungen ❸ kommen. Die Hirschmannhütte ist nicht beschildert, daher halten wir uns links (nicht den Weg in den Wald Richtung „Rauer Kulm" nehmen) und genießen die Aussicht ins Perlbachtal. Wir wandern ca. 10 Minuten auf dem geraden Forstweg und sehen dann rechts im Wald die Hirschmannhütte ❹, eingebettet in ein gewaltiges Felsmassiv und den imposanten Hirschmannfelsen. Der Ausblick ins Donautal ist gigantisch und auch das Plumps-Klo (WC) im Wald ist ein begehrtes Fotomotiv. Nach einer Verschnaufpause auf der Terrasse (Bitte keine Abfälle liegen lassen!) folgen wir dem Forstweg und genießen die Ruhe im Mischwald. Wir biegen an der Schutzhütte links ab ❺ und können vor allem im Herbst das bunte Laub im Naturreservat und mit ein bisschen Glück auch Feuersalamander bestaunen. Der Rückweg ist unbeschwerlich und es geht nur bergab. Nach weiteren 150 Metern kommen wir zum Schutzhaus des Naturparks Bayerischer Wald mit vielen interessanten Informationen über den Wald. ❻ (Hier bietet sich die Anschlusswanderung „Burgstein" an.) Wir bleiben auf der Forststraße und kommen an der Markierung „Kellerstein" vorbei, bis wir kurz darauf unseren Ausgangspunkt Kalteck ❶ erreichen.

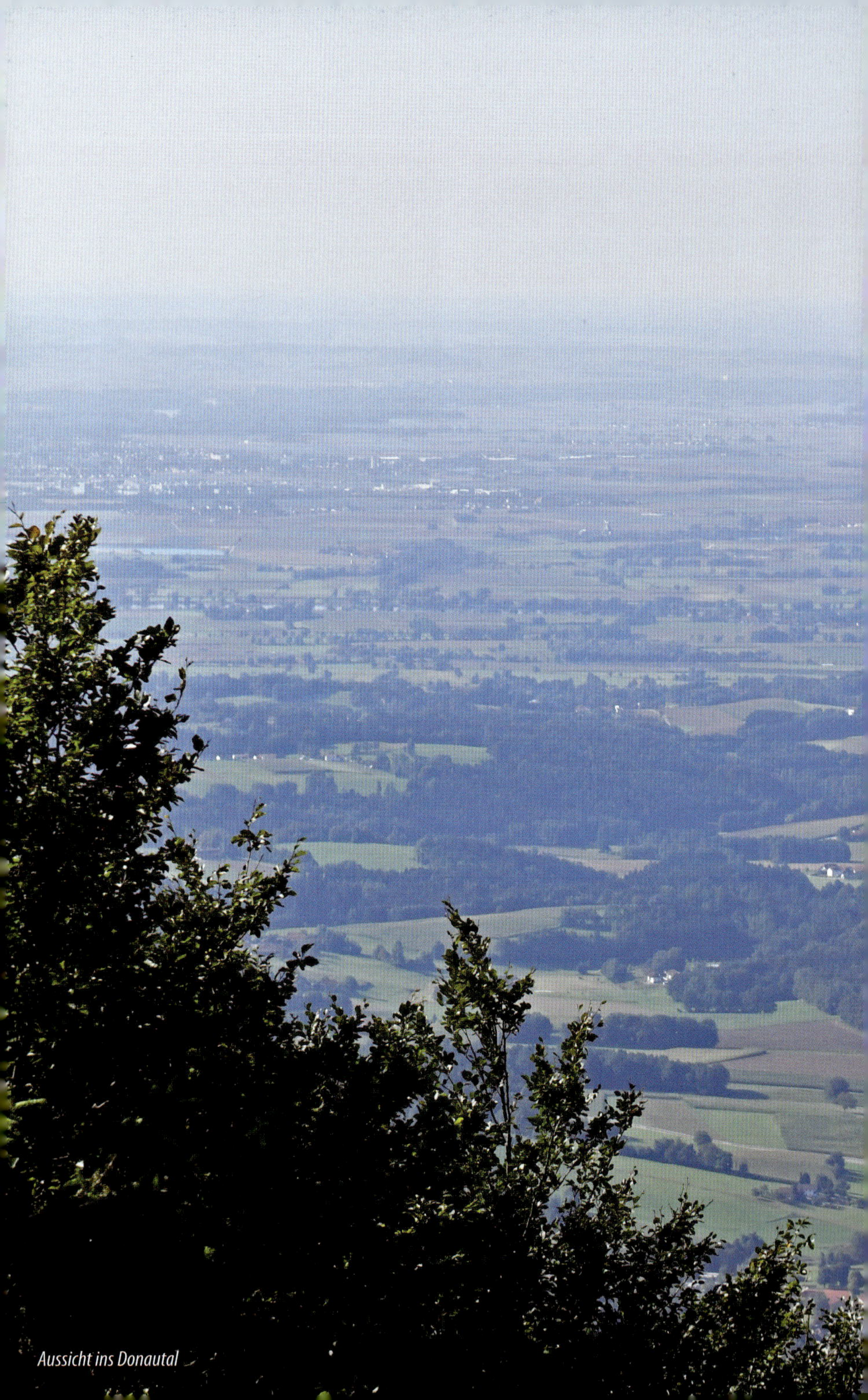

Aussicht ins Donautal

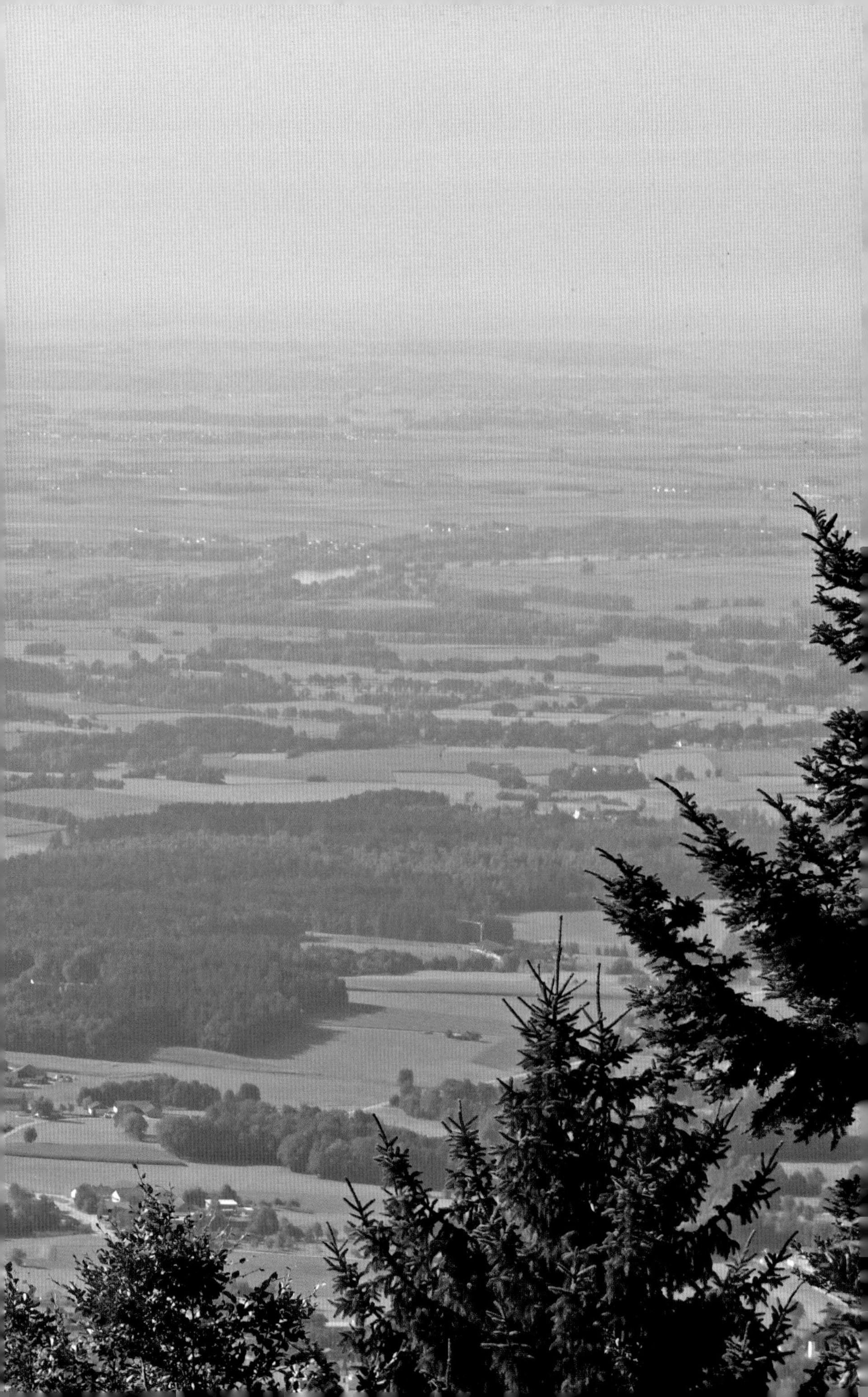

Zum Rauhen Kulm

und Klausenstein ab Kalteck

TOUR
08

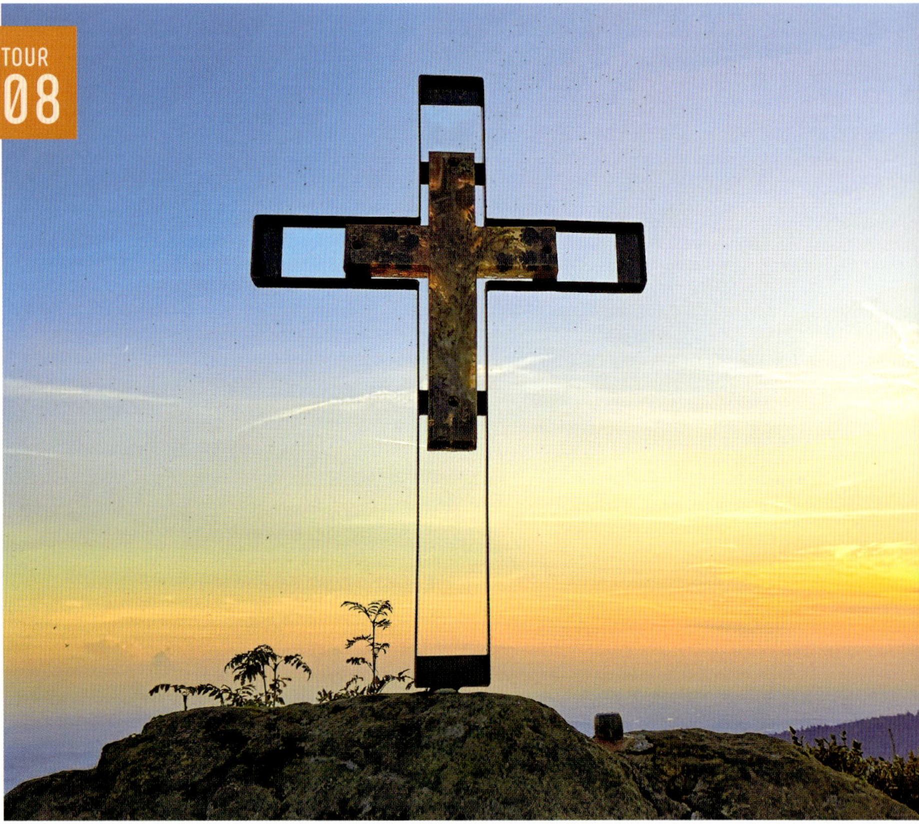

Start/Ziel: Wanderparkplatz Kalteck beim ehemaligen Hotel
Navi: 94240 Achslach, Kalteck

Kalteck Wanderparkplatz – Skilifttrasse Goldsteigbeschilderung wie Hirschmann-hütte oder alternativ „rote 2 Forstweg" – bis Weggabelung – Rauher Kulm – Klausenstein-Kreuz – Wanderweg 2 – Kalteck Wanderparkplatz

Aufstieg über den Goldsteig und zurück über die rote 2

Anspruchsvolle Rundtour auf wurzeligen Waldwegen und breiten Forstwegen. Der Weg zum versteckten Klausenstein-Kreuz und zum Rauhen Kulm erfordert gute Trittsicherheit. Schöne Ausblicke ins Donau- und Gäubodental.

Keine Einkehrmöglichkeit während der Tour.

Achslach, Dorfplatz 4, 94250 Achslach, Tel. 09929 902013

 Foto: Klausenstein-Kreuz

mittel | 7 km | 300 Hm | 2:00 h

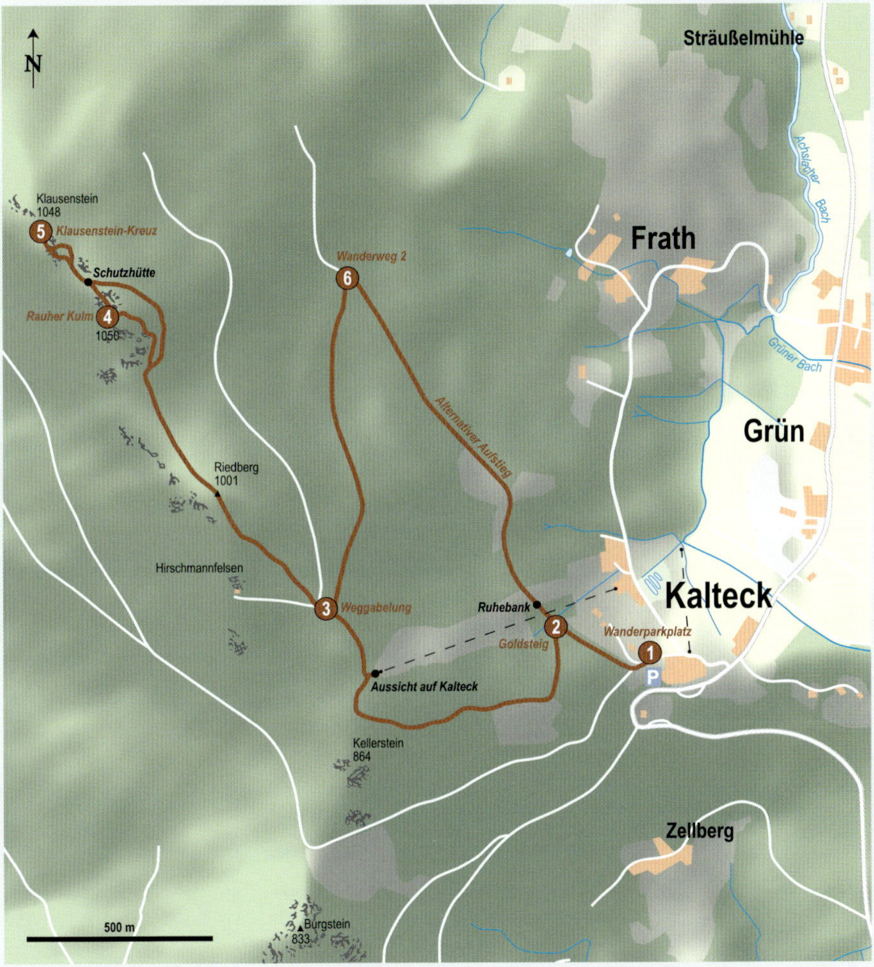

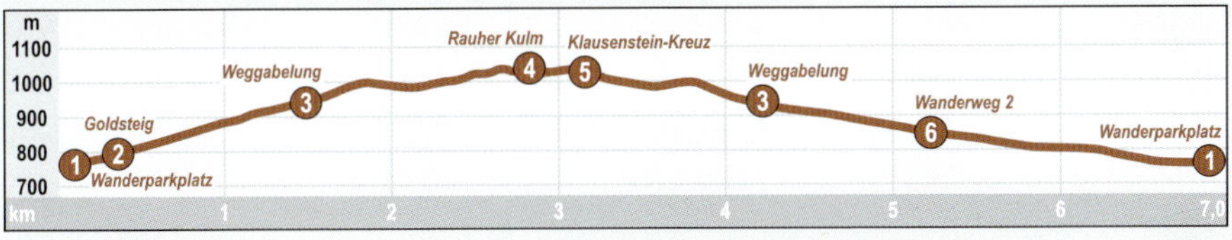

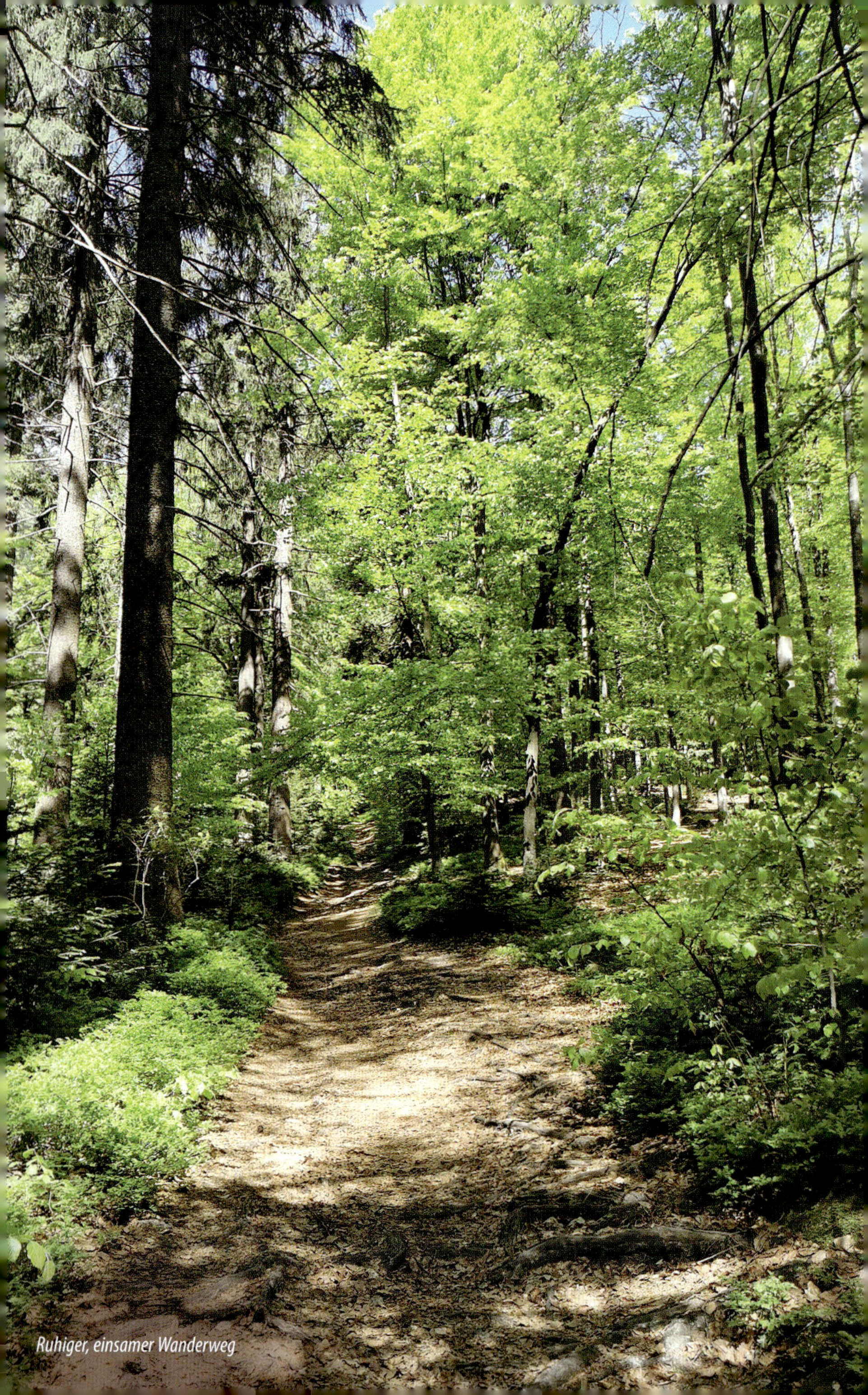

Ruhiger, einsamer Wanderweg

Die Wanderung zum versteckten „Klausenstein-Kreuz" ist am schönsten, wenn man den Weg/Aufstieg analog der Tour 7 bis zur Lichtung und den Wandermarkierungen nimmt.

Schöner Aufstieg, siehe Tour 7:

Wir starten am Wanderparkplatz 1 in Kalteck bei der Wandertafel und folgen für nur 200 Meter der roten 2 bzw. der Beschilderung „Um den Rauhen Kulm" rechts auf der Forststraße. Nach ca. 200 Metern biegen wir nach links in den Wald ab. Achtung: Die Abzweigung ist unscheinbar und die Beschilderungen am Baum nicht sofort ersichtlich. Wir folgen nun der Goldsteig-Beschilderung 2. Der steinige und wurzelige Aufstieg durch den idyllischen Wald lohnt sich, und nach weiteren 600 Metern kommen wir am stillgelegten Skilifthäuschen vorbei und queren die einstige Liftschneise mit Blick auf Kalteck. Wir bleiben auf dem Weg, bis wir nach weiteren 200 Metern zur nächsten Weggabelung und Lichtung im Wald mit verschiedenen Wandermarkierungen 3 kommen.

Der 1050 m hohe **Rauhe Kulm** mit Panoramablick nach Bernried, ins Gäuboden- und Donautal ist ein Berg im Vorderen Bayerischen Wald nördlich der Kreisstadt Deggendorf und liegt im Gemeindegebiet Bernried im Landkreis Deggendorf, direkt an der Grenze zum Landkreis Regen. Benachbarte Berge sind südöstlich der Vogelsang und nordwestlich der Hirschenstein.

Hier biegen wir direkt in das Waldstück ein. Der Weg (Goldsteigmarkierung) ist immer wieder von steinigen Passagen und Wurzeln durchzogen, aber wunderschön und ruhig. Wir halten uns beim Aufstieg immer leicht links. Nach 2 Kilometern sehen wir den Hinweis „Zum Rauhen Kulm". In 5 Minuten ist man am Rauhen Kulm 4 (1050 m Höhe) mit Fernblick bis ins Gäubodental. Leider ist die Sicht mittlerweile von hohen Bäumen etwas eingeschränkt und es gibt auch kein Gipfelkreuz.

Schutzhütte am Rauhen Kulm

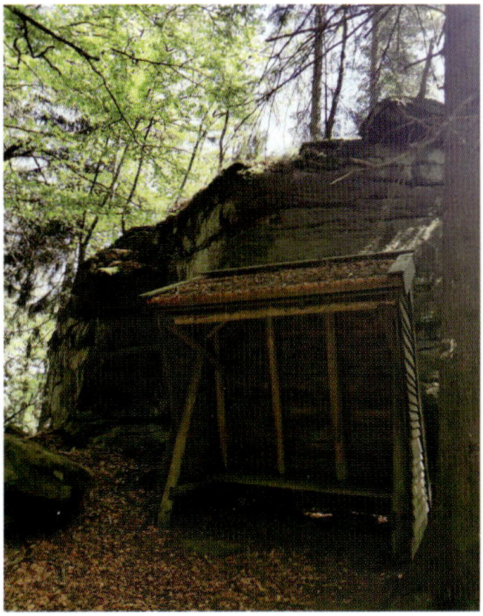

Klausenstein-Kreuz

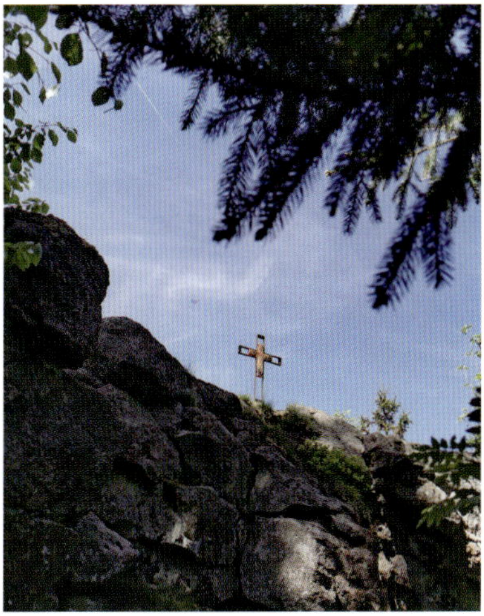

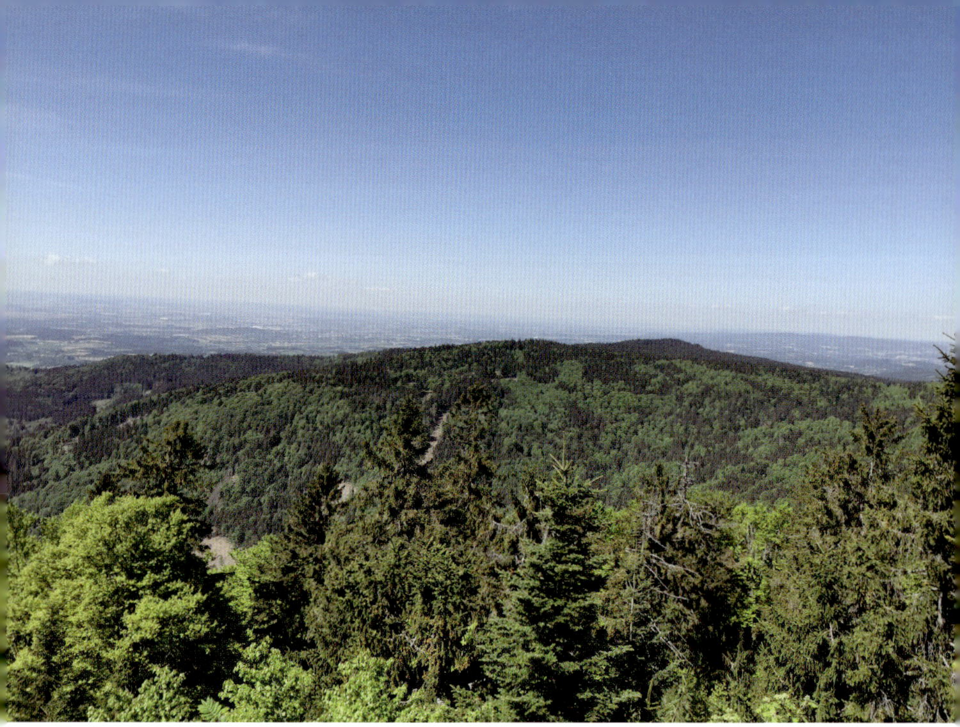

Aussicht ins Gäubodental

Zurück am Weg gehen wir ein paar Schritte (ca. 50 Meter) an der Schutzhütte vorbei und biegen links in den Wald ab. Hier ist es nicht mehr weit bis zum Aufstieg zum wunderschönen Glaskreuz, dem Klausenkreuz ❺ auf 1048 m Höhe. Der Trampelpfad ist nicht beschildert und es ist auch Vorsicht geboten, denn Trittsicherheit ist erforderlich. Der Rückweg vom Gipfel ist mit (leider) sehr verwischten roten Punkten markiert, die zum Goldsteig führen. Wir bleiben vorerst immer geradeaus auf der Goldsteigmarkierung, bis wir auf die Markierung „rote 2" nach Kalteck treffen. Erst bei der Weggabelung ❸ halten wir uns links nach Kalteck (immer der roten 2 nach Kalteck folgend) und bleiben auf dem Forstweg, der uns bei der nächsten Weggabelung ❻ rechts abbiegend wieder zurück nach Kalteck führt. Wir kommen an der Beschilderung „Am Wagnerbuckl" vorbei und können bei der Skilifttrasse auf der Ruhebank mit Blick auf die Ortschaft Grün und den Vogelsang kurz innehalten, bevor wir den Wanderparkplatz in Kalteck ❶ erreichen.

Alternativer Aufstieg bis zur Weggabelung ❸:

Alternativ kann man bis zur Weggabelung „Zum Rauhen Kulm" ❸ den weniger anstrengenden, jedoch längeren Forstweg-Aufstieg nehmen, den wir auch beim Rückweg gehen:
Bei der Wandertafel am Parkplatz ❶ folgen wir rechts der Markierung „Um den Rauhen Kulm" immer geradeaus, vorbei am Aufstieg der Tour 1 (Wegpunkt ❷), vorbei an der Wasserpumpstation und der ehemaligen Skilifttrasse mit Blick nach Kalteck. Wir erreichen nach ca. 1,5 Kilometern die nächste Weggabelung, rote 2 ❻, und gehen links bergauf, bis wir analog Tour 1 zur Weggabelung „Rauher Kulm" gelangen ❸.

Anzeige

„Hier rührt sich was“ in der Ferienregion Hirschenstein

„Bist du heute schon gewandert oder radelst du noch?“

Ferienregion
HIRSCHENSTEIN
Achslach · Bernried · Mariaposching
Metten · Offenberg · Schwarzach

Nur einen Sprung von Deggendorf entfernt, liegt die Ferienregion Hirschenstein, die bei **Wanderern** und **Radlern** gleichermaßen sehr beliebt ist.

Mehr Informationen und Prospekte erhalten Sie hier:
Tourist Information Bernried, Engerlgasse 25 a, 94505 Bernried
Tel.: 09905 / 7400-24, Mail: info@hirschenstein-bayerischer-wald.de
Web: www.hirschenstein-bayerischer-wald.de

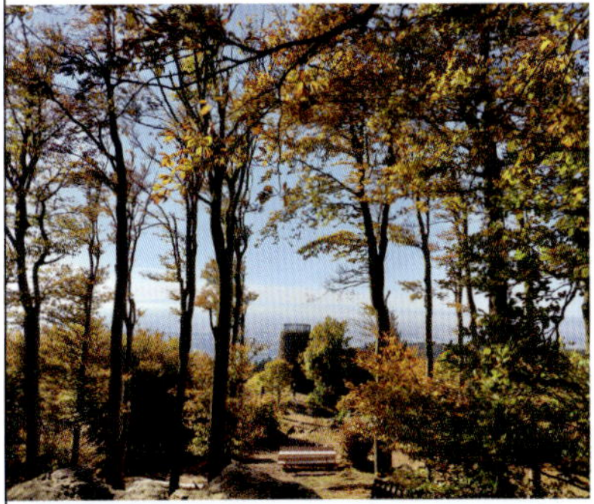

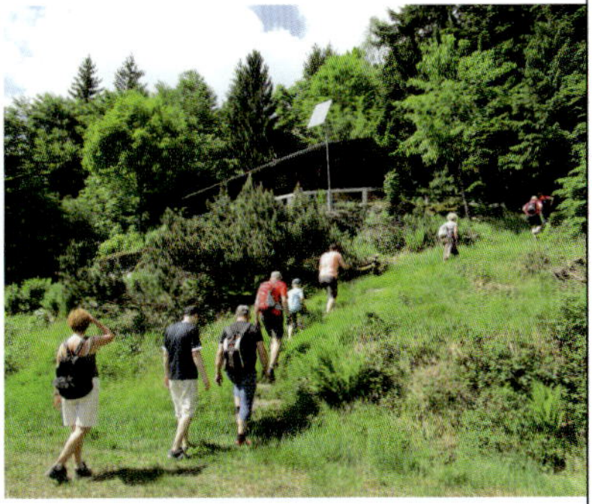

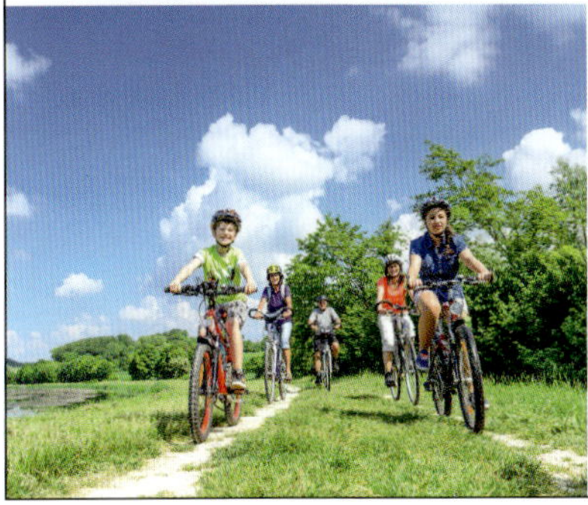

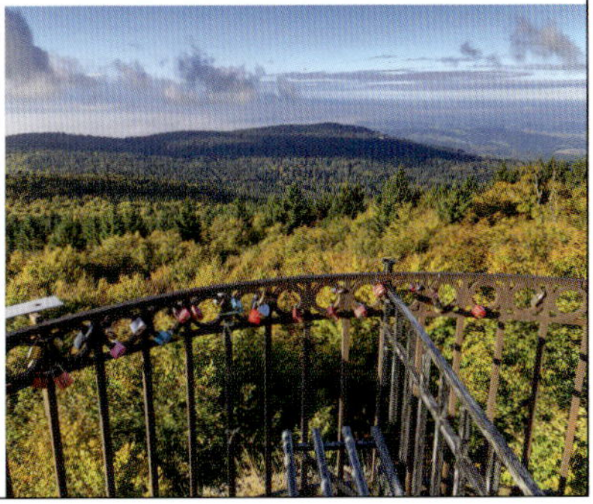

Auf den Vogelsang

mit Ausblick zum Regensburger Stein und zum Klosterstein-Gipfelkreuz

TOUR 09

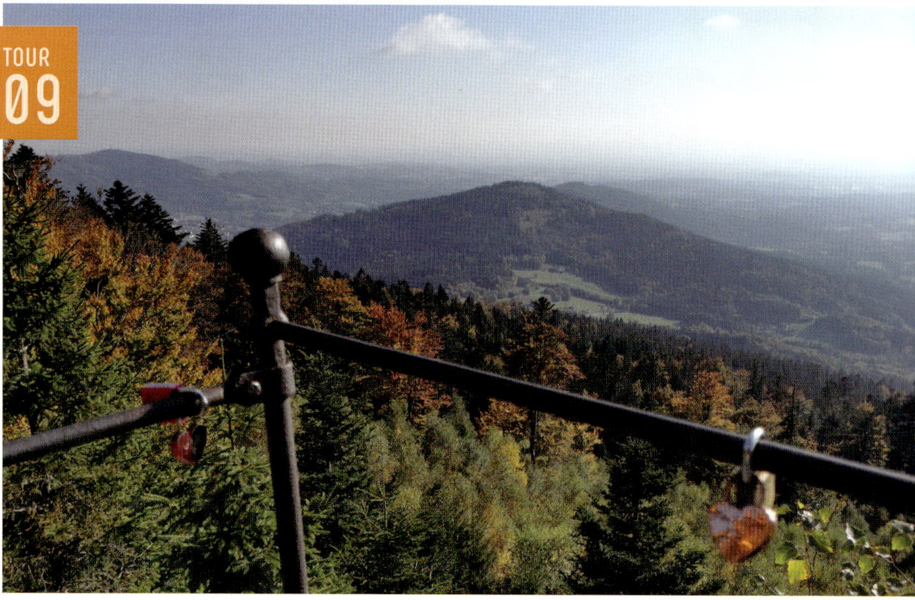

Start/Ziel: Wanderparkplatz Kalteck beim ehemaligen Berghotel (längere Tour: 7 km) oder gegenüber am ausgeschilderten Vogelsang-Wanderparkplatz zwischen den Weilern Kalteck und Grün am Beginn des Waldrandes (kürzere Tour: 5 km) ; am Vogelsang-Parkplatz stehen weniger Parkplätze zur Verfügung
Navi: 94240 Achslach, Kalteck

Vogelsang Wanderparkplatz – Abzweig links/Beschilderung Regensburger Stein – Krakelbrunnen – Aussichtskanzel Regensburger Stein – Abzweig links – Klosterstein – Ruhebank – Vogelsang – Stempelstation Rastplatz „Schwammerl" – Vogelsang Wanderparkplatz

Rote 6 (Aufstieg über den Regensburger Stein), rote 10 (Vogelsang), Abstecher zum Gipfel des Klostersteins: rote 9 (1022 m ü. NN.), zurück über den Forstweg: rote 6

Sportliche Rundtour auf wurzeligen Waldwegen und breiten Forstwegen. Die Aussichtskanzel am Regensburger Stein und der steile Anstieg zum Klosterstein erfordern Trittsicherheit und gute Kondition. Die Aussicht am Regensburger Stein (felsige Aussichtskanzel; 937 m) bietet eine herrliche Fernsicht ins Donau- und Gäubodental.

Keine Einkehrmöglichkeit während der Tour.

Achslach, Dorfplatz 4, 94250 Achslach
Tel. 09929 902013

 Foto: Ausblick vom Regensburger Stein

mittel | 5 km / 7 km | 240 Hm | 2:00 h / 2:30 h

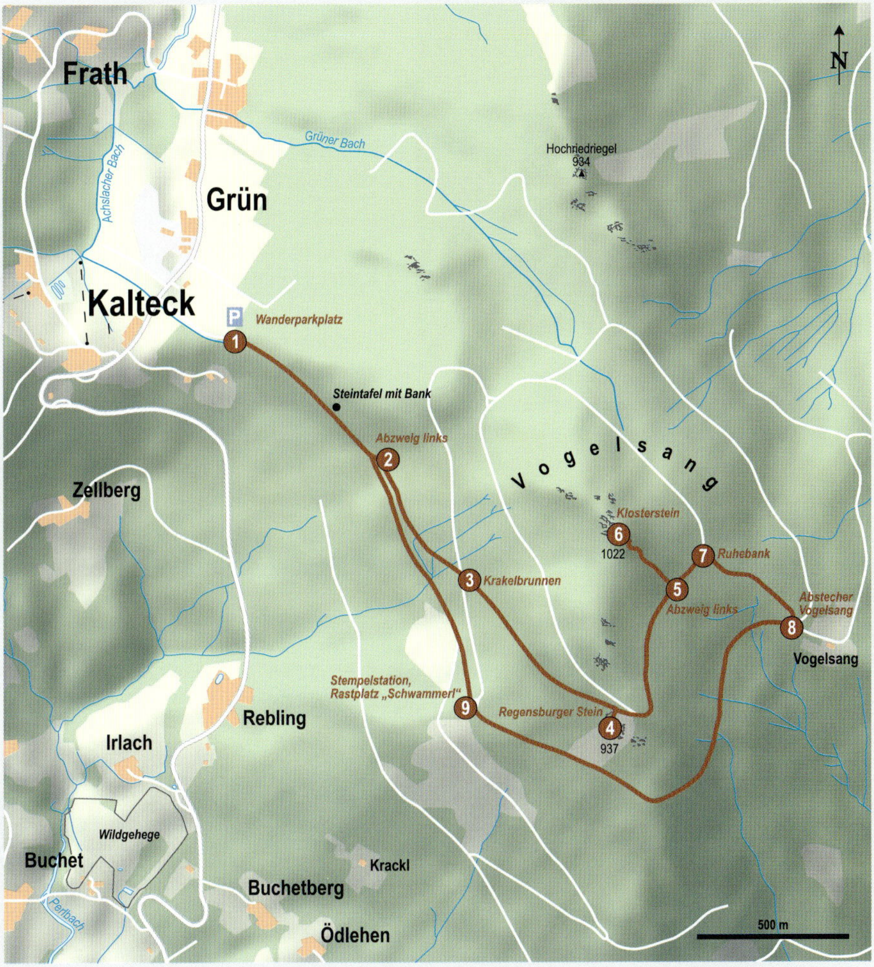

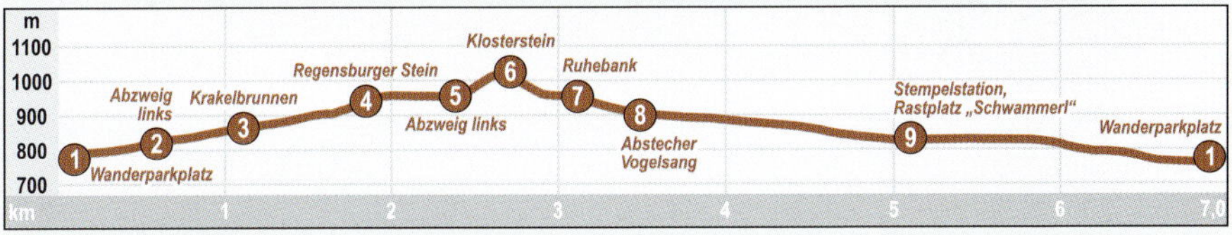

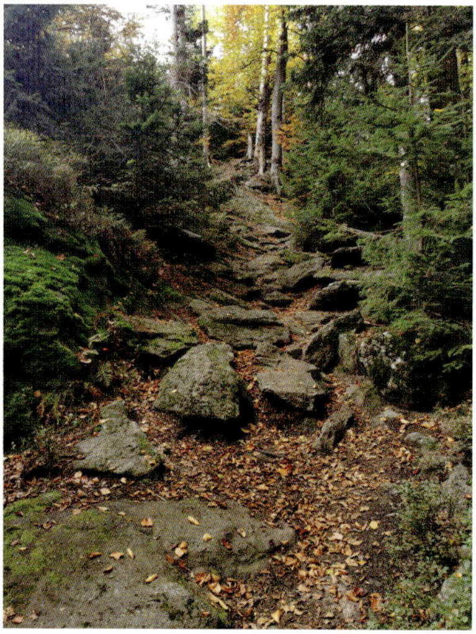

Steiler Aufstieg zum Klosterstein

Der Aufstieg zum 1.022 m hohen Vogelsang befindet sich in der Gemeinde Bernried. Ortskundige können den Gipfel auf mehreren beschilderten, schönen und interessanten Wegen erreichen, wie über den Ortsteil Faßlehen oder Leithen. Da hier jedoch keine ausgeschilderten Parkplätze zur Verfügung stehen, empfiehlt es sich fürs Erste, ab dem Wanderparkplatz Kalteck loszumarschieren oder unmittelbar (die 2 km kürzere Variante) am ausgeschilderten Vogelsang-Wanderparkplatz 1 (zwischen den Weilern Kalteck und Grün) zu parken.

Start am Wanderparkplatz Kalteck (7 km):

Wir gehen zunächst zur Hauptstraße und sehen nach einigen Metern rechts verschiedene Wandermarkierungen. Wir folgen der roten 6 Richtung Vogelsang-Parkplatz.
Wir orientieren uns zunächst an der roten 6 (2,5 Kilometer zum Klosterstein) und wandern vorerst auf einem breiten Forstweg. Ein bisschen versteckt befindet sich nach ca. 600 Metern im

Krakelbrunnen

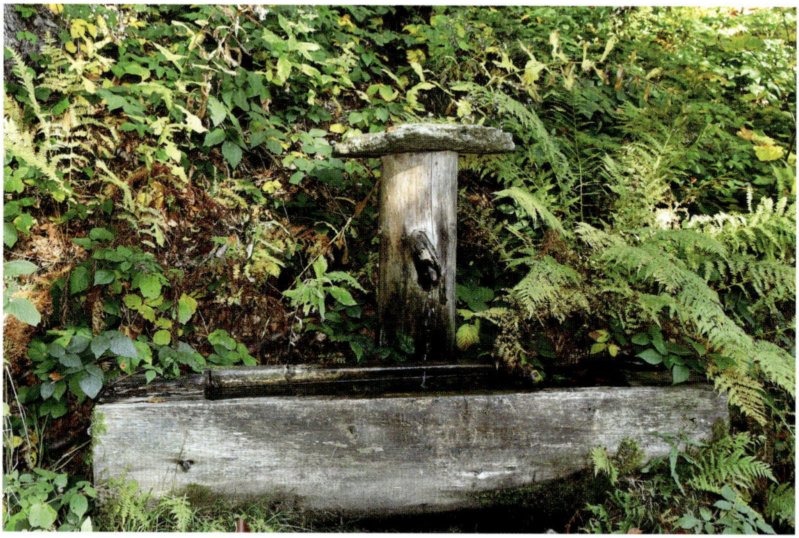

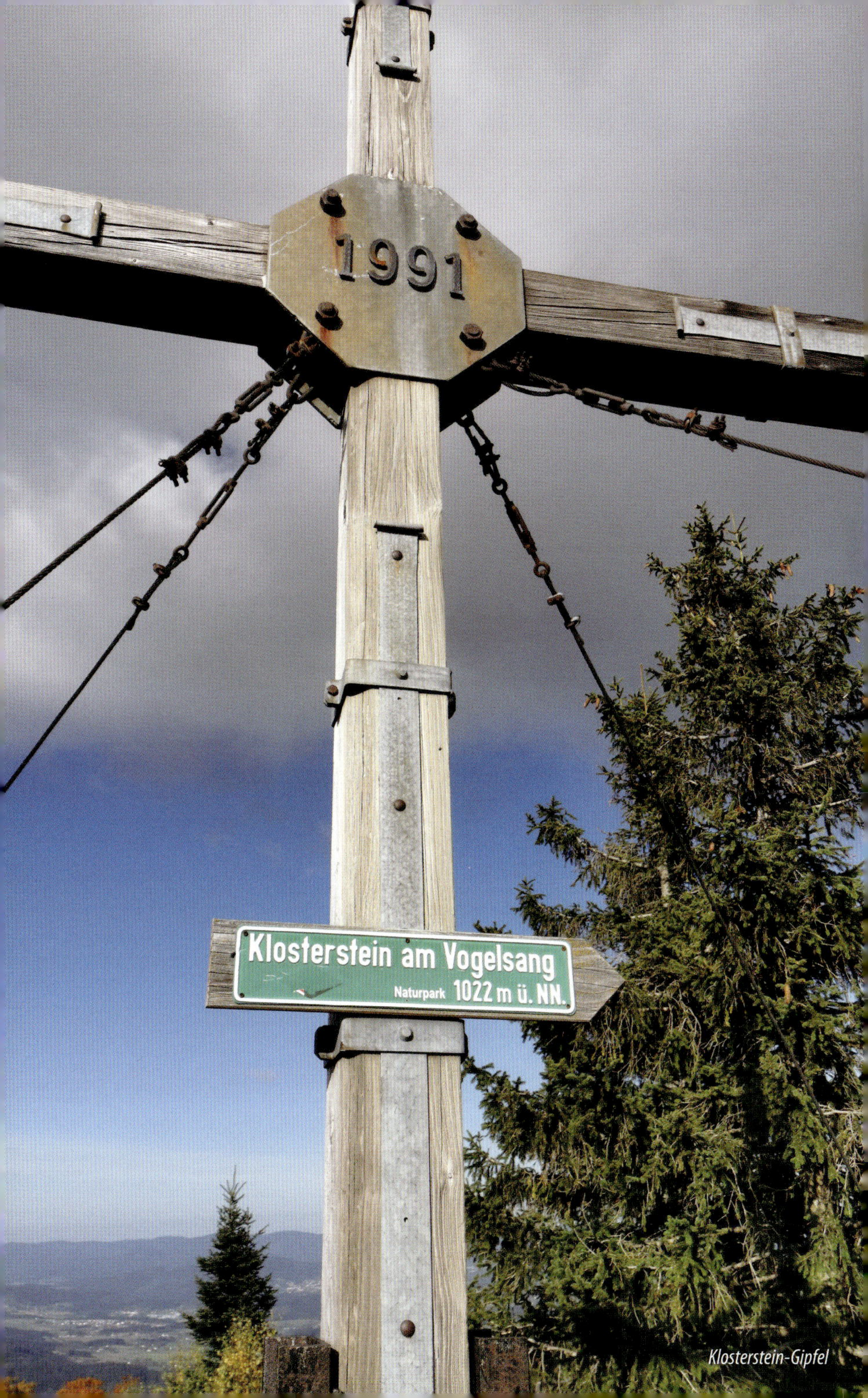

Klosterstein-Gipfel

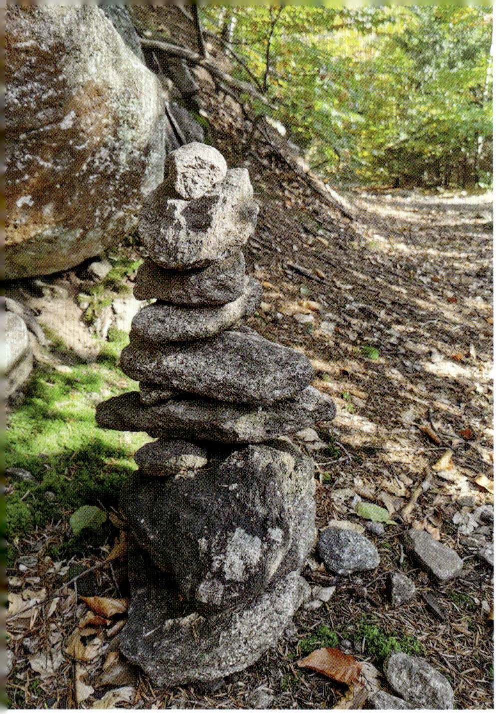

Immer wieder Stoa-Mandl

Gehölz eine kleine Sitzbank, die über provisorische Stufen erreichbar ist, mit einer Steintafel zur Erinnerung an die Erbauer der Vogelsangstraße. Nach 300 Metern ❷ zweigt links ein wurzeliger Weg in den Wald mit der Markierung „blaue 1 Klosterstein". Dieser führt uns durch ein herrliches Naturreservat über Wurzeln, Steine und kleine Bäche. Wir überqueren einen Forstweg mit Unterstand am Wegesrand und setzen den Weg geradeaus vorbei am hölzernen Krakelbrunnen ❸ in den Wald ansteigend weiter (rote 6). Immer wieder sehen wir am Wegesrand aufgestellte Stoa-Mandl (Türmchen aus Steinen), wuchtige Felsbrocken und faszinierenden Baumwuchs auf Steinen. Der Regensburger Stein ❹, den wir nach knapp 2 Kilometern ab Ausgangspunkt erreichen, bietet uns über eine felsige, gesicherte Aussichtskanzel einen traumhaften Blick ins Donau- und Gäubodental. Wir setzen unseren Weg fort, vorbei an einem Hochsitz, und kommen an eine Forststraße. Auch hier ist es wichtig, sich genau zu orientieren, da die vielen Wegschilder eher verwirrend sind. Wir folgen der roten 10 (Vogelsang) bzw. bleiben auf dem Goldsteig-Weg leicht rechts. Kurz darauf sehen wir die Beschilderung zum eigentlichen Gipfel des Vogelsangs, dem Klosterstein. Der anspruchsvolle Aufstieg lohnt sich.
Vom Forstweg ❺ aus sind es 300 Meter bis zum Gipfelkreuz. Der Aufstieg ist etwas steinig, und teilweise muss man klettern. Verlaufen kann man sich nicht, denn die Markierungen sind gut zu sehen. Das Gipfelkreuz ❻ (1022 m ü. NN.) ist imposant, der Felsen bietet nicht viel Platz, und man muss warten, bis der Aufstieg frei ist. Der Blick bis zum „Großen Arber" ist danach verdient. Beim Abstieg könnte man durch den Wald auf die Forststraße abkürzen, kann aber sicherheitshalber auch den Aufstieg als Rückweg nehmen. Sodann wendet man sich nach links und sieht bereits eine Ruhebank ❼ an der Forststraße. Hier muss man sich erneut orientieren, denn die Markierungen sind teilweise verwirrend. Wir folgen der roten 9 nach Gotteszell bzw. der blauen 1 durch den Wald und kommen kurz darauf auf eine kreuzende Forststraße. ❽ Hier können wir geradeaus einen Abstecher zur Vogelsanglichtung machen oder den Rückweg nach rechts (rote 6 Faßlehen/Leithen) nehmen. Versteckt sehen wir ein Marterl am Wegesrand und schon bald die Markierung „rote 10" nach Grün/Kalteck. Auf dem Rückweg kommen wir an einer Stempelstation ❾ mit Unterstellschwammerl vorbei und kurz darauf sehen wir rechter Hand die Abzweigung unseres Aufstiegsweg zu Beginn unserer Tour. Hier können wir nun auf der Forststraße zurück zu unserem Ausgangspunkt bleiben oder wir wechseln zum parallel verlaufenden Waldweg, der ebenfalls zum Parkplatz ❶ führt.

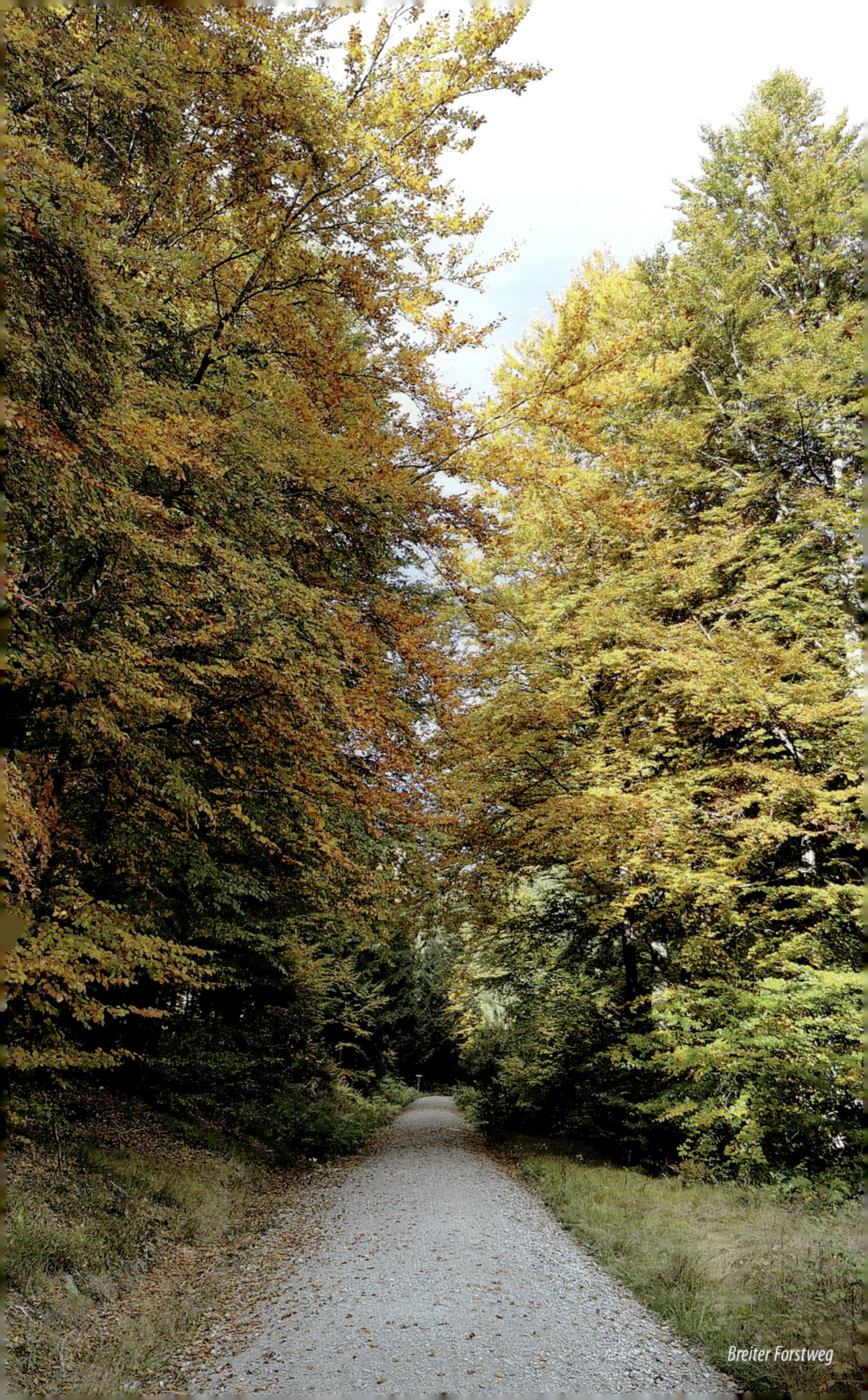

Breiter Forstweg

Vom Museumsstadl

bis zur Scharte und zum Jägerkreuz

TOUR 10

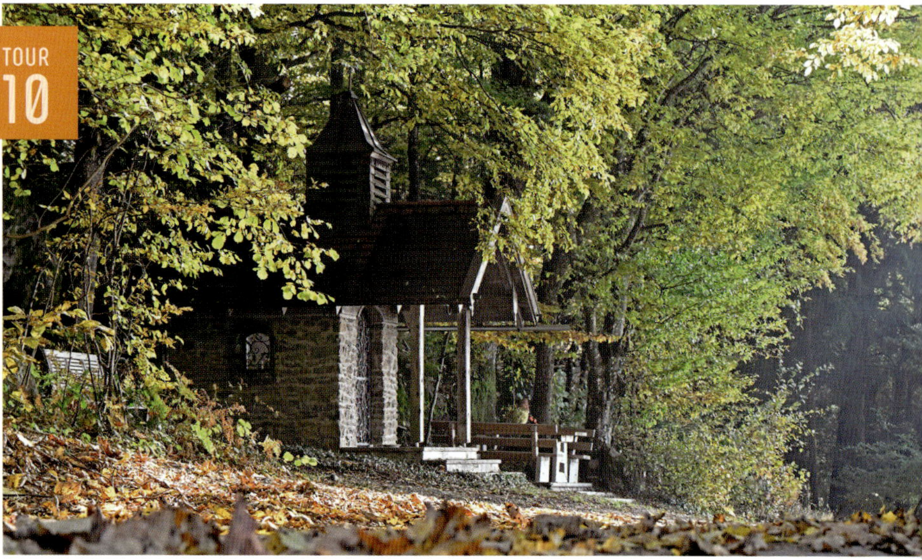

Navi: Museumsstadl Bernried, Pitzen 2a, 94505 Bernried

Museumsstadl Bernried in Pitzen – Schloßtanet – Wanderweg 3 – Rastbank Ed – Höhenberg – Scharte – Jägerkreuz – Rückweg rote 3 – Höhenberg – Rastbank Ed – Wanderweg 3 – Schloßtanet – Museumsstadl Bernried in Pitzen

Der Zielweg Böbrach zum Höhenberg ist zunächst mit der roten 2a und dann durchgehend mit der roten 3 markiert. Ab Höhenberg sind der Kletterweg und der einfache Rundweg mit der roten 3 und kurz ab Jägerkreuz mit der roten 6 gekennzeichnet, wobei wir uns hauptsächlich an der roten 3 orientieren.

Schöne Ausblicke und abenteuerliche Kraxelei, wenn die Route über den Kletterweg gewählt wird. Festes Schuhwerk unbedingt notwendig. Auch für Kinder schön!

Keine Einkehrmöglichkeit während der Tour.

In der Ortschaft Bernried:
Gasthaus/Berghotel Staufert
Böbrach 12, 94505 Bernried
Tel. 09905 435 (Rücksprache empfohlen)
www.berghotel-staufert.de

Hotel Bernrieder Hof
Bogener Str. 9, 94505 Bernried
Tel. 09905 7409-0 (Rücksprache empfohlen)
www.bernrieder-hof.de

Gasthaus/Landhotel Winterl,
Engerlgasse 18, 94505 Bernried
Tel. 09905 261 (Rücksprache empfohlen)
www.hotel-winterl.de

Engerlgasse 25a, 94505 Bernried
Tel. 09905 7400-24 oder 25

Foto: Kapelle in Arnetsstein

mittel | 8 km | 420 Hm | 2:00 h

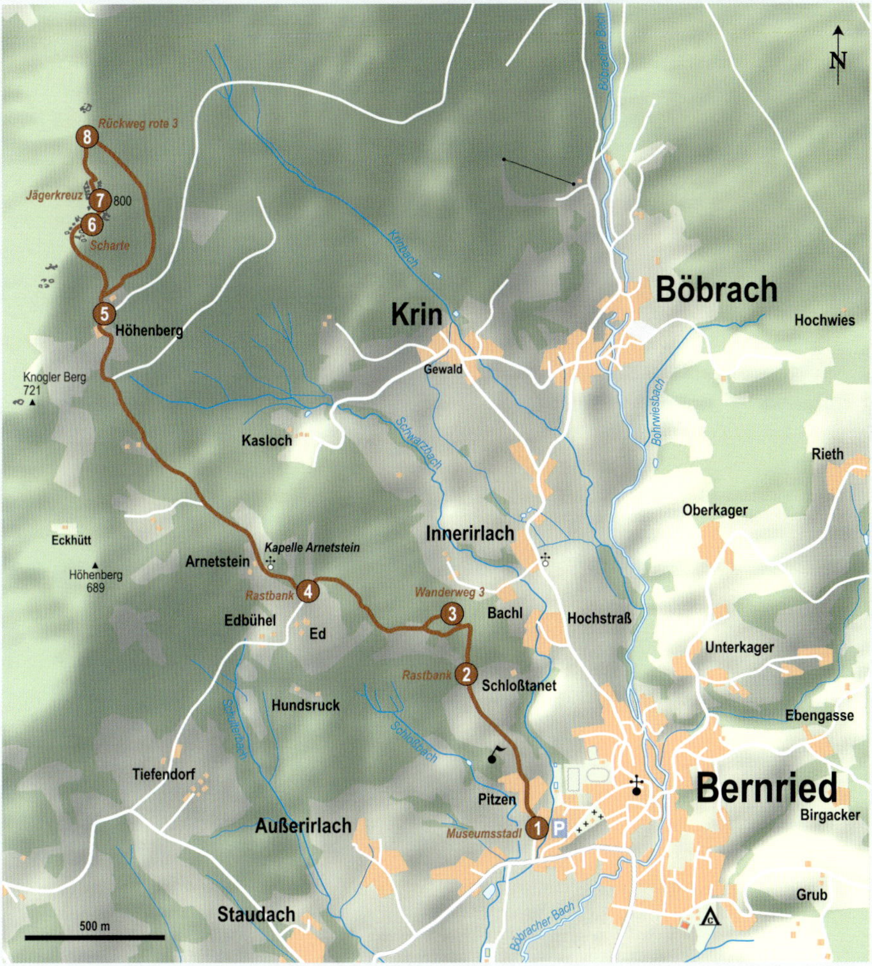

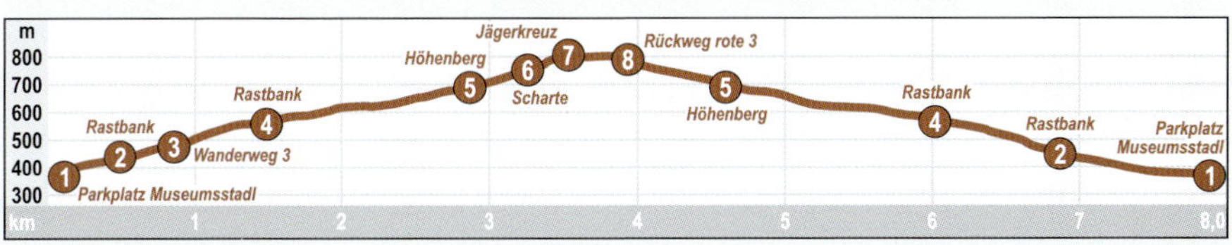

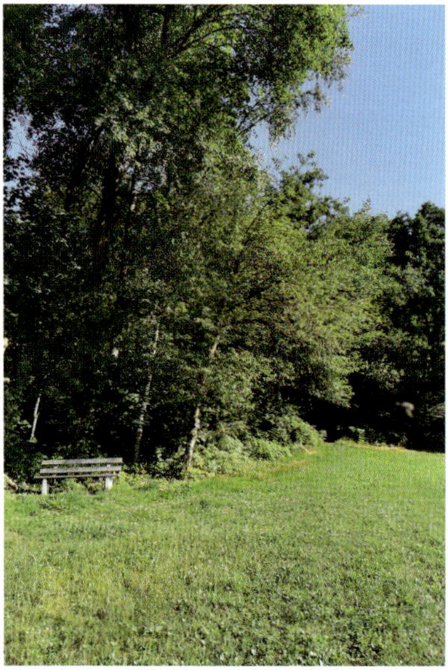

Rastbank bei Schloßtanet

Unsere Wanderung fängt am ❶ Museumsstadl in Bernried an. Wir lassen das Museum rechter Hand liegen und gehen mit der roten 9 für 0,5 km nach Schloßtanet an einem Bauernhof vorbei. Links sehen wir eine Erhöhung umgeben von Wald. Hier stand einst die Burgruine Pitzen aus dem 12. Jahrhundert. Mauerreste sind auf der Nordseite des bewaldeten Hügels zu sehen (Aufstieg lohnt sich aber nicht). Wir erreichen den Waldrand bei der Rastbank „Schloßtanet" ❷ und haben von hier einen wunderschönen Blick zurück auf das Bernrieder Tal. Leicht ansteigend führt uns ein unbefestigter Wurzelweg in den Wald hinein, bis wir nach ca. 300 Metern zu einer Weggabelung im Wald ❸ gelangen. Wir folgen der Beschilderung nach links, „Ed, Höhenberg", (rote 3 bzw. rote 2a) für 3 Kilometer. Der ansteigende Waldweg erfordert ein bisschen Kondition und erscheint sehr mystisch, wenn keine Sonne scheint. Nach 100 Metern folgen wir der roten 3 bzw. dem blauen Pfeil/Goldsteig nach links. (Die Beschilderung ist etwas verwirrend, wir gehen nicht geradeaus.) Am Waldesrand kurz vor Ed ❹ folgen wir der roten 3 zum Weiler nach Höhenberg. Der Ausblick bei der Rastbank ist gigantisch, doch auch bei der Kapelle in Arnetstein ist es ein Muss, kurz innezuhalten. Der zauberhafte Hohlweg ist besonders im bunten Herbst zu empfehlen. Nach 20 Minuten sehen wir den Weiler Höhenberg ❺ vor uns. An klaren Tagen belohnt uns ein schöner Alpenblick für den Aufstieg. Wir gehen am Anwesen vorbei und folgen der roten 3 zum Klettersteig /Scharte für 0,5 km. Der Klettersteig erfordert Trittsicherheit, ist aber zum Kraxeln für Abenteurer und auch für Kinder mit Begleitung ein Erlebnis. Wer die einfachere Tour gehen will, folgt der Beschilderung „Wanderweg rote 3" nach rechts. Nach einem kurzen mit Farnen gesäumten Waldweg

Info Museumsstadl

Das liebevolle Museum wurde in den 60er Jahren vom Bernrieder Urgestein Ludwig Bauer († 2019) aufgebaut, damit das Handwerk und der Lebensalltag, auch rund um die Gemeinde Bernried, für die Nachwelt in Erinnerung bleiben. Auf 400 m^2 Ausstellungsfläche wird Geschichte lebendig. Die Öffnungszeiten sind am besten telefonisch vorher abzuklären.

Öffnungszeiten Museumsstadl von März bis Oktober nach Vereinbarung. Anmeldung über Tourist-Information Bernried.

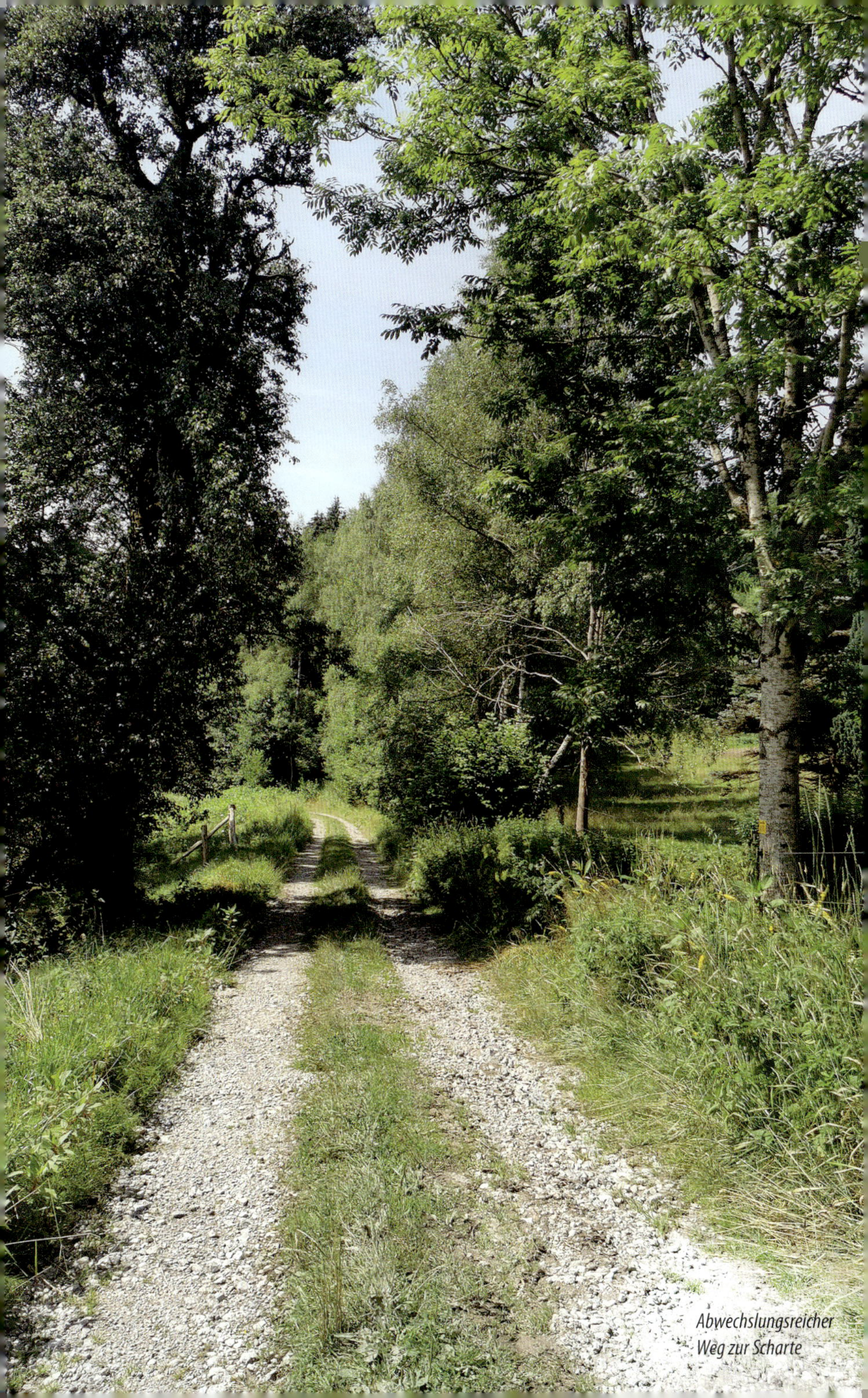

Abwechslungsreicher Weg zur Scharte

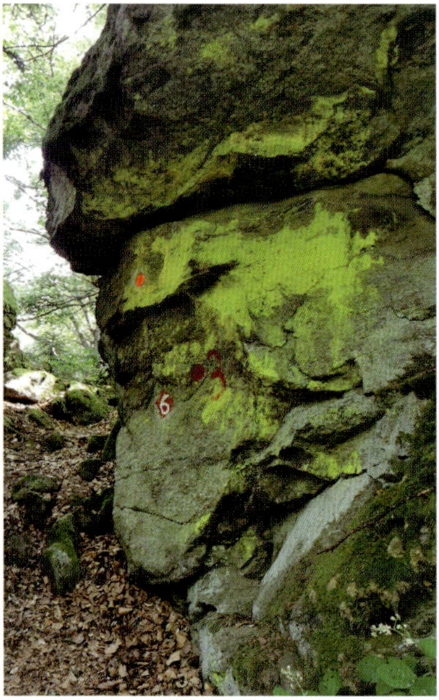

Klettersteig

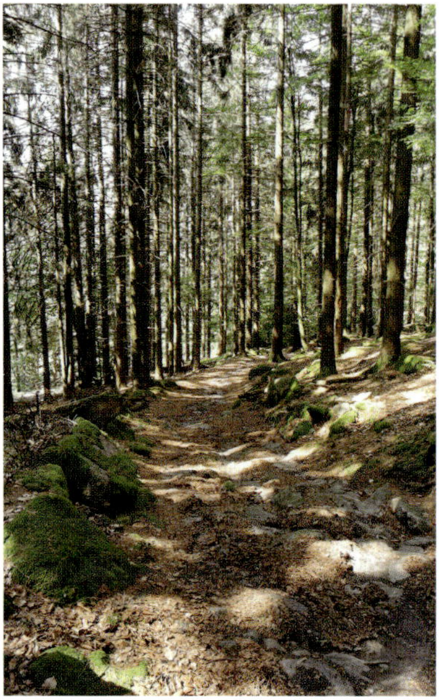

Steiniger, aber einfacher Rückweg

mit leichtem Anstieg nähern wir uns dem Kletterweg und der „Scharte" 6 und können auf der Rastbank kurz durchatmen. Ab hier gut auf die Markierungen (rote Punkte und rote 3 bzw. rote 6 an den bemoosten Steinen) achten! Vor allem beim letzten Teilstück zum Jägerkreuz kann man sich leicht verirren, wenn man nicht aufpasst. Orientiert man sich jedoch immer leicht nach links, kann man das Jägerkreuz, das ein bisschen versteckt ist, nicht verfehlen. Die Kraxelei und die schönen moosbewachsenen Felsen sind beeindruckend. Der Ausblick in Richtung St. Englmar beim Jägerkreuz 7 ist sehr schön, aber im Sommer durch die belaubten Bäume ziemlich zugewachsen. Für den Rückweg nehmen wir den einfacheren Weg oder können auch hier eine Anschlusswanderung fortsetzen. Wichtig: Die rote 6 führt uns nach Grandsberg, wir folgen nur kurz der roten 6 und dann der roten 3 8 zurück. Der Wanderweg – über Stock und Stein – geht nun immer bergab, und wir kommen nach 1 Kilometer wieder nach Höhenberg. Hier könnten wir den längeren Rückweg 5 über den Schuhfleck und die Dampfsäge nach Bernried bis nach Böbrach und weiter zum Museumsstadl nehmen (5 km rote 3 und 2a nach links). Wir gehen jedoch wie beim Hinweg mit der roten 3 zurück zum Ausgangspunkt, 1 vorbei an schönen Wegkreuzen, und gönnen uns im Waldfreibad ein erfrischendes Bad oder im Ort in den Hotels eine gute Brotzeit.

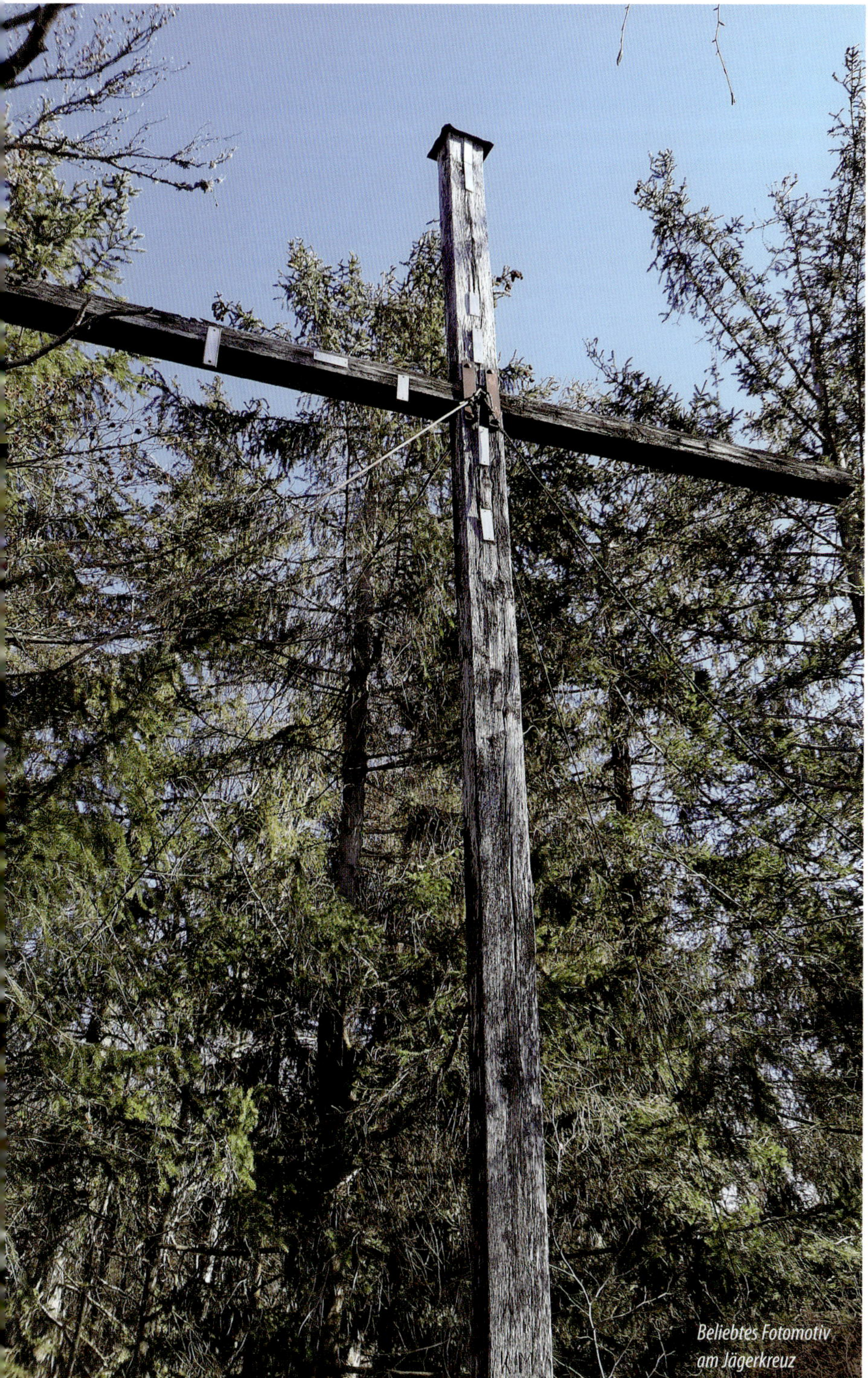

Beliebtes Fotomotiv am Jägerkreuz

TOUR 11

Wasser- und Waldweg

Mühlgrabenweg mit Aufstieg zum Schopf

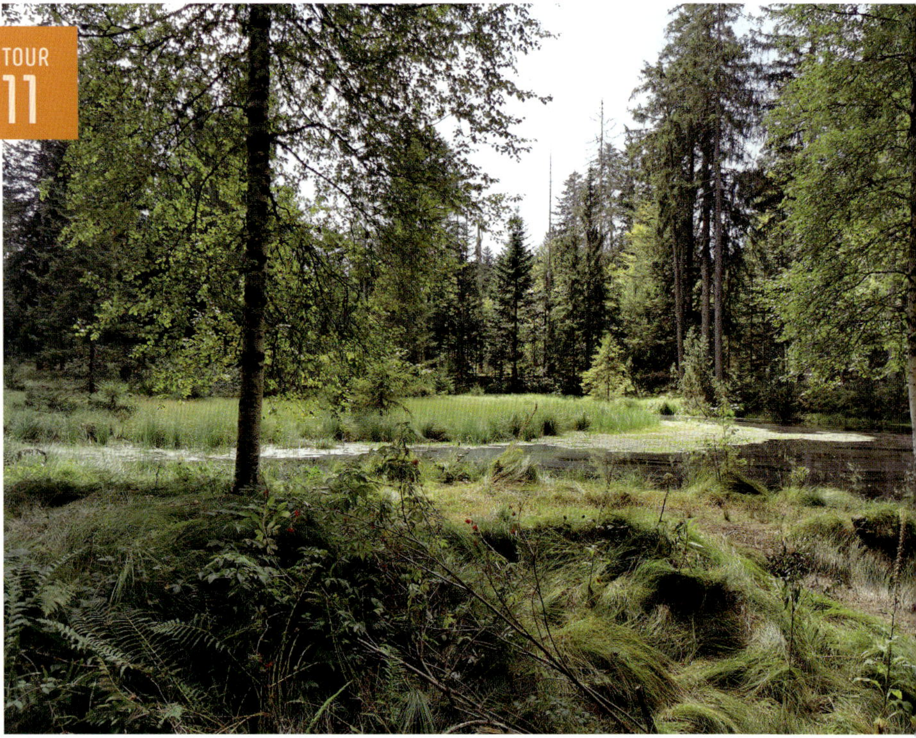

Start/Ziel: Wanderparkplatz Grandsberg
Navi: Grandsberg 6, 94374 Schwarzach, kostenpflichtig. An den Wochenenden stark frequentiert, da viele Wanderrouten hier starten.

Grandsberg Parkplatz/kleiner Pfad – Rastbank – Schopf – Mühlgrabenweg – Grimmeisenweiher – Parkplatz

Mühlgrabenweg: zwei blaue Wellen, Schopf: rote 9

Wunderschöne Rundtour für die ganze Familie mit großartigem Alpenblick bei gutem Wetter. Vor allem im Sommer angenehm schattig. Der Mühlgraben lädt zur Abkühlung ein. Nur ein kurzer steiler Aufstieg am Anfang, ansonsten leicht zu bewältigen.
Die Rundwanderung des gesamten Mühlgrabenweges kann ausgedehnt werden: Mühlgraben, Ödwies, Hirschenstein, Diensthütte (3 – 4 Stunden)

Berggasthof Menauer
Grandsberg 6, 94374 Schwarzach
Tel. 09962 632 (Rücksprache empfohlen)

Markt Schwarzach, Marktplatz 1,
94374 Schwarzach
Tel: 09962 94020, www.schwarzach.de

 Foto: Grimmeisenweiher

leicht 5 km 150 Hm 1:30 h – 2:00 h

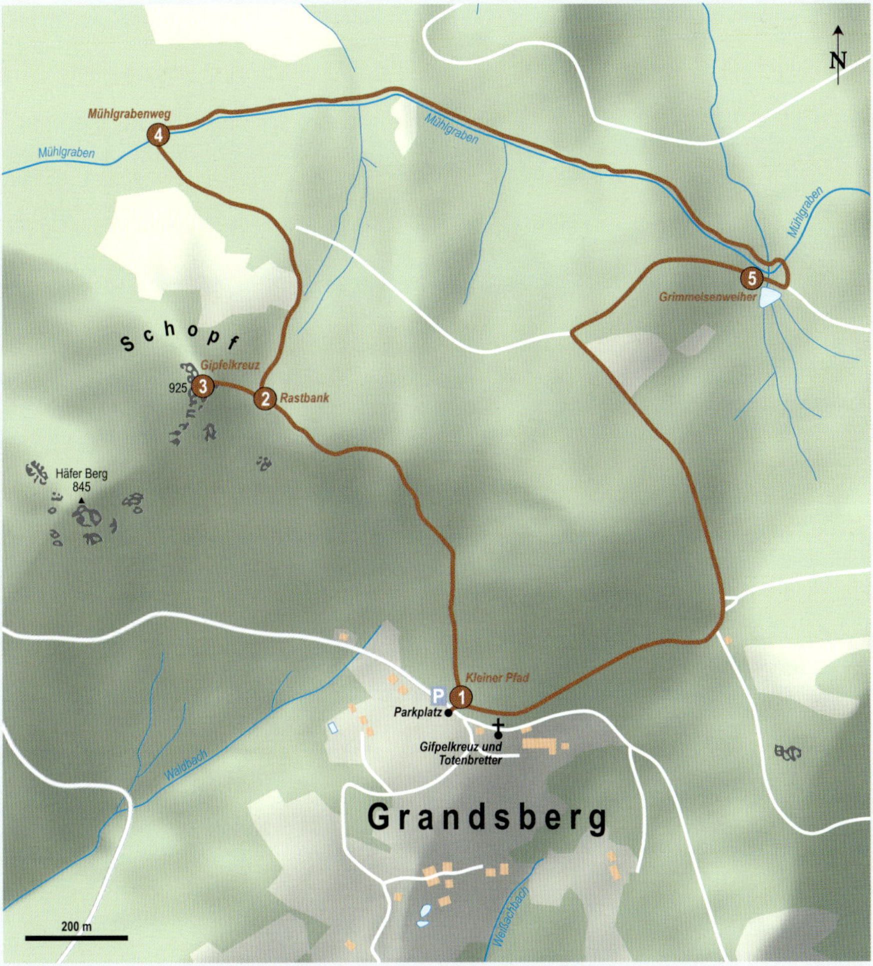

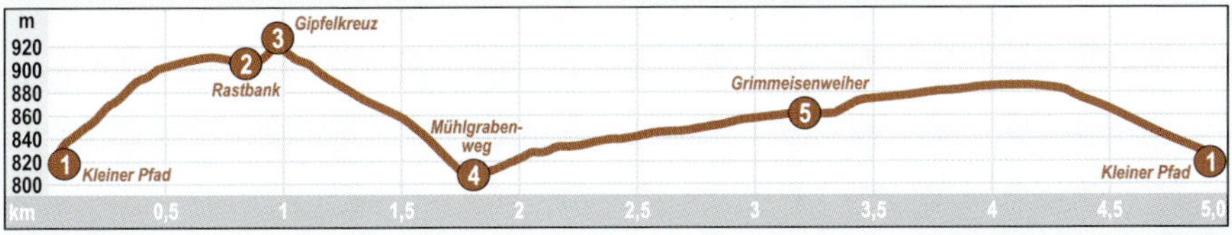

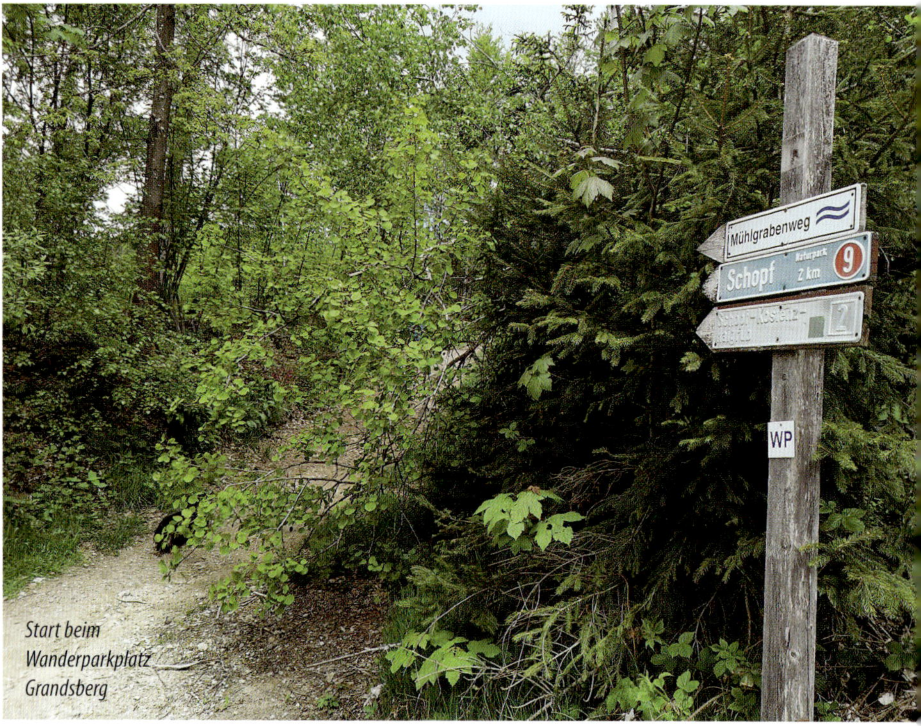

Start beim Wanderparkplatz Grandsberg

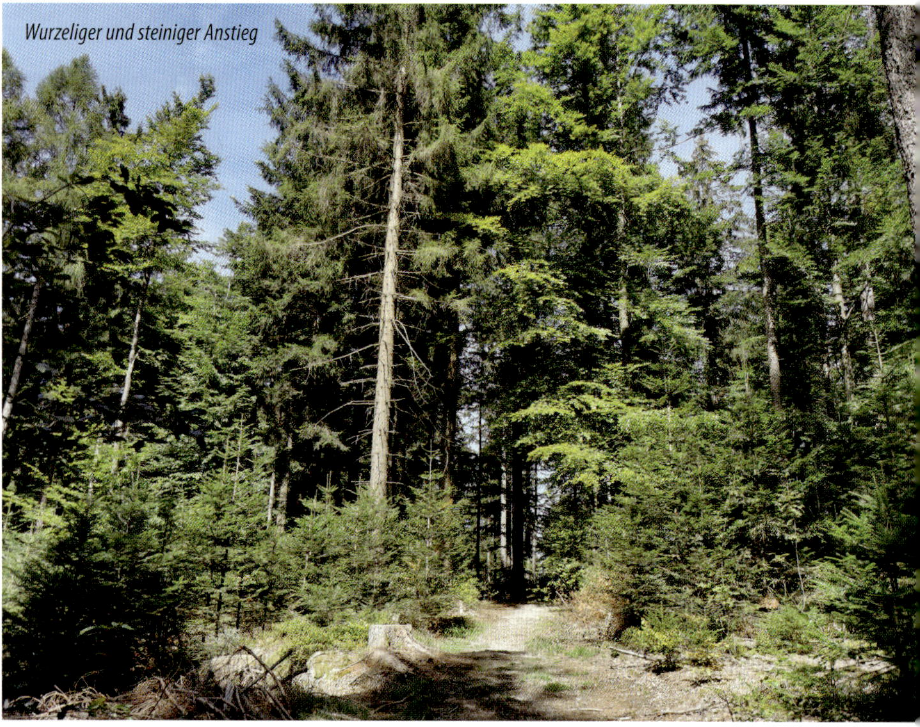
Wurzeliger und steiniger Anstieg

Der Einstieg zum Rundweg Mühlgrabenweg befindet sich gleich am Parkplatz Grandsberg zu Beginn der Wanderrouten links am Waldrand. Der kleine Pfad ❶ ist mit dem Wegweiser „Mühlgrabenweg" und zwei blauen Wellen bzw. der Markierung „Schopf, rote 9 zwei Kilometer" beschildert. Die erste und einzige steile, steinige Strecke, vorbei an wilden Blumen, einem Marterl und Farnen, ist sehr idyllisch, aber hat es in sich, bevor nach circa 15 Minuten der flache bewurzelte Waldweg beginnt. Hier halten wir uns links und folgen der Mühlgrabenbeschilderung. Nach etwa 500 Metern erreichen wir die rote 9 und eine Rastbank. ❷ Wer Lust hat, kann links zum Gipfelkreuz „Schopf" (925 m) marschieren. Die letzten 10 Meter erfordern Trittsicherheit zwischen bemoosten Steinen. Kindern gefällt das Klettern bestimmt. Auf dem bewaldeten Gipfel kann man beim Gipfelkreuz ❸ rasten. Das Gipfelkreuz wurde 1947 von der Kath. Pfarrjugend Windberg an Christi Himmelfahrt errichtet. Eine Inschrift auf einem Stein erinnert daran. Nach dem Abstecher folgen wir der roten 9 links auf einem verwunschenen Waldpfad, der uns bergab führt. Hier muss man aufpassen, denn die Markierungen sind nicht leicht zu sehen und verdeckt. Immer wieder kommen wir an roten wilden Vogelbeersträuchern (Vorsicht: giftig!) vorbei.
Wir halten uns immer links bergab, bis wir nach ungefähr 500 Metern den Mühlgraben sehen. Im Frühjahr nach der Schneeschmelze hört man bereits das Wasser im Mühlgrabenweg rauschen ❹. Bei dieser Weggabelung gehen wir rechts und folgen dem Bachlauf. Dieser Abschnitt ist besonders schön. Während im Frühling die Dotterblumen blühen, kann man im Sommer vereinzelt Fische beobachten und die wilden Brombeeren naschen. Der Waldweg ist gesäumt von Farnen und bemoosten Steinen. Hier sollte man sich unbedingt Zeit lassen und eine Pause bei der Rastbank einplanen.

Da das Waldstück linker Hand ziemlich abgeholzt wurde, sieht man durch die Bäume hindurch das Kloster Kostenz und bis nach St. Englmar.
Wir gehen entlang des Bachlaufes, bis wir auf der rechten Seite eine Wegabzweigung sehen. Ein fast unscheinbares Holzschild weist zum Grimmeisenweiher ❺. Geradeaus führt der Weg zum Wanderkotenpunkt Schuhfleck (1 km) und weiter zum Hirschenstein. Wir aber gehen zum Grimmeisenweiher, einem idyllischen kleinen See mitten im Wald, umgeben von Bäumen. Während der Woche ist es der ideale Platz, um innezuhalten und nur dem Vogelgezwitscher zu lauschen. Als Rückweg wählen wir den breiten Forstweg nach links. Die Beschilderung ist nicht oder nicht leicht zu sehen, wir biegen jedoch an allen Abzweigungen links ab.

Gipfelkreuz Schopf

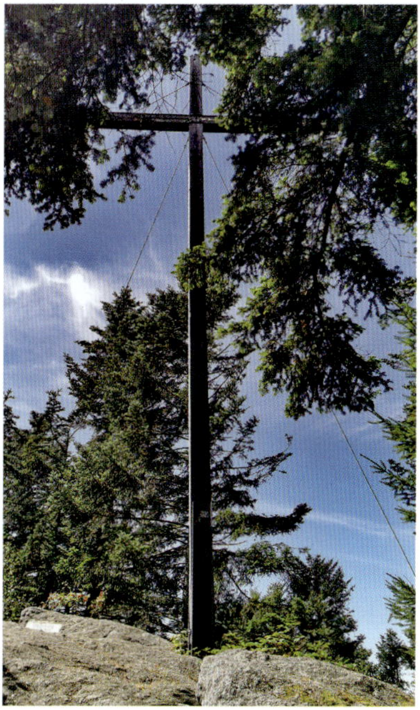

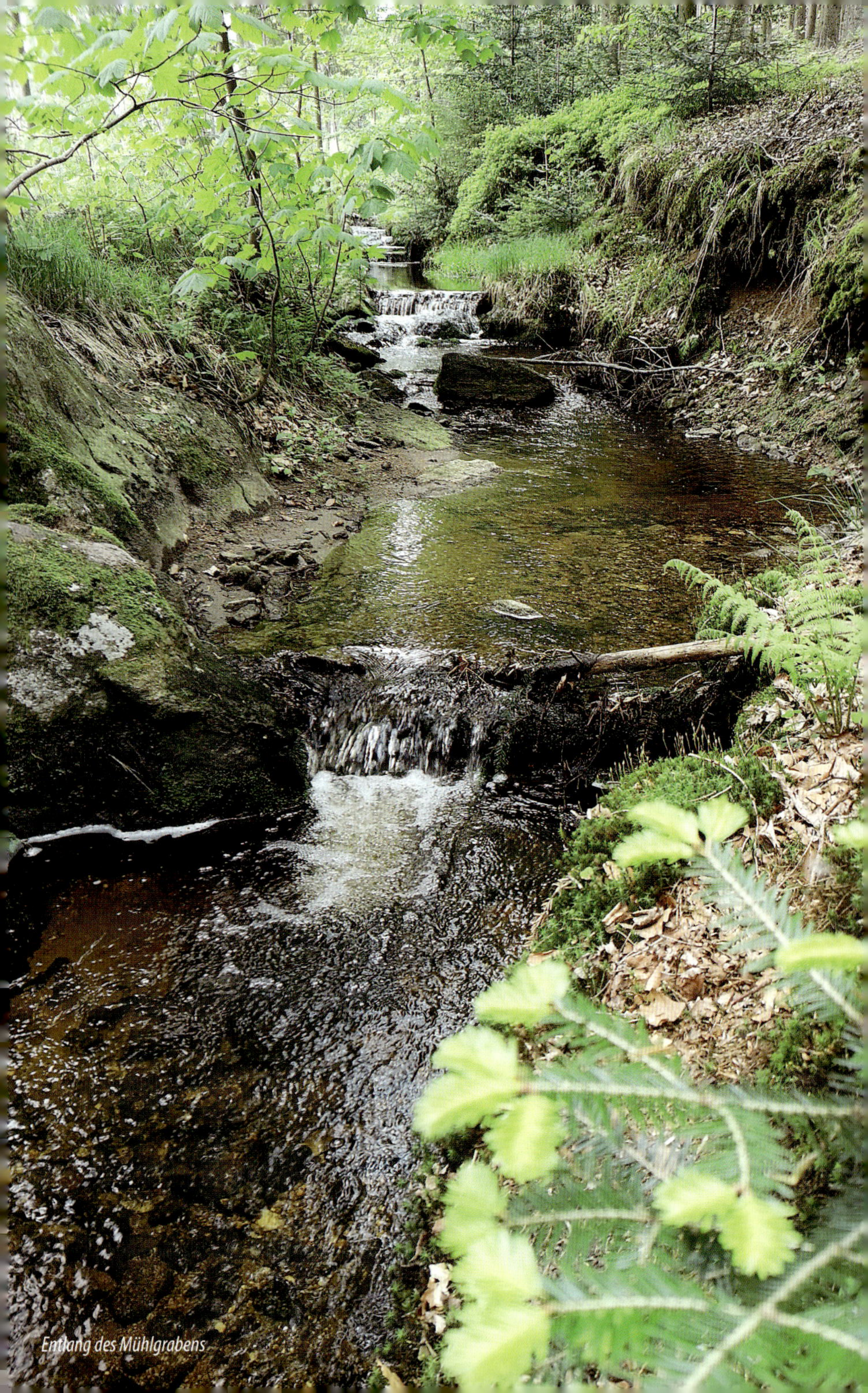
Entlang des Mühlgrabens

Info zum Mühlgrabenweg

lt. Info-Tafel der DAV Sektion Straubing

Im Jahr 1720 wurde durch den Schwarzacher Hochwald ein 6500 m langer Graben gezogen, um die kurfürstliche Hofmühle in Schwarzach besser mit Wasser zu versorgen. Erst gegen Mitte des 20. Jahrhunderts wurde er aufgelassen. Im Jahre 1983 hat das Forstamt Mitterfels diesen Wassergraben im Staatswald als Erinnerung an die Energienot früherer Zeit wiederhergestellt und als Familien-Wanderweg ausgebaut.

Es sind nur noch knapp 2 Kilometer bis nach Grandsberg, aber der Rückweg ist trotz der gut begehbaren Forststraße aufgrund des kontinuierlichen leichten Anstieges nicht zu unterschätzen. Kurz vor dem Wanderparkplatz sehen wir links das Schutzhaus und einen alten Brotbackofen (hier könnte man nach Höhenberg und weiter nach Bernried wandern – zu Tour 10). Kurz vor unserem Ausgangspunkt erinnert ein großer Gedenkstein mit kleiner Muttergottesfigur im Stein an den Revierförster Max Bauer von Schwarzach, dem Erbauer der Straße im Jahr 1850. Auf dem Weg zum Parkplatz 1 kommen wir am versteckten Grandsberger Kreuz und den Totenbrettern vorbei und kehren nun im Gasthaus Menauer ein und genießen auf der Terrasse bei wunderschönem Panoramablick eine deftige Brotzeit.

Kulturgenuss an der Donau

in Metten und Neuhausen

TOUR 12

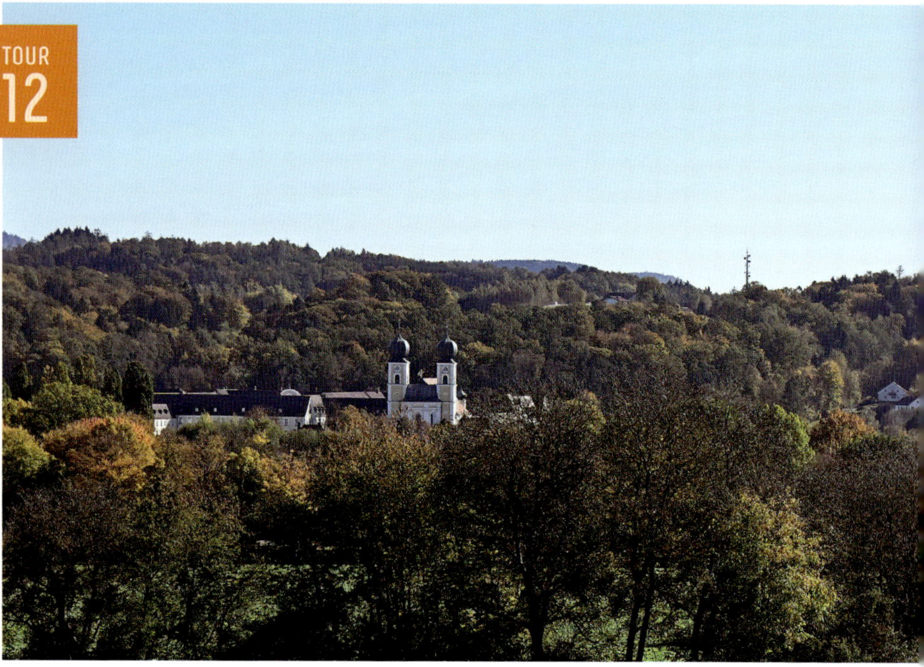

Öffentliche Parkplätze am Marktplatz in Metten
Navi: Abteistraße 3, 94526 Metten

Metten Marktplatz – Kloster – Eichenhain – Himmelbergschlösschen – Abkürzung – Schwarzachgraben – Donau – Metten

Rote 10, rote 1, Abkürzung: rote 7

Gemütlicher und kultureller Rundweg mit ungewöhnlich faszinierenden Waldabschnitten mitten im Ort. Auch für Kinder kurzweilig, mit Abkürzungsmöglichkeit.

Hinweis: Der Donaudamm wird erneuert, daher kann es immer wieder zu Sperrungen des Damms kommen.

Keine Einkehrmöglichkeit während der Tour.

In Metten am Marktplatz:
Verschiedene Imbisse,
Eisdiele (tagsüber geöffnet),
Café am Kloster

Markt Metten, Krankenhausstraße 22, 94526 Metten, Tel. 0991 99805-0, www.markt-metten.de

Foto: Blick auf Metten und die Basilika

leicht | 8 km | 90 Hm | 2:30 h – 3:00 h

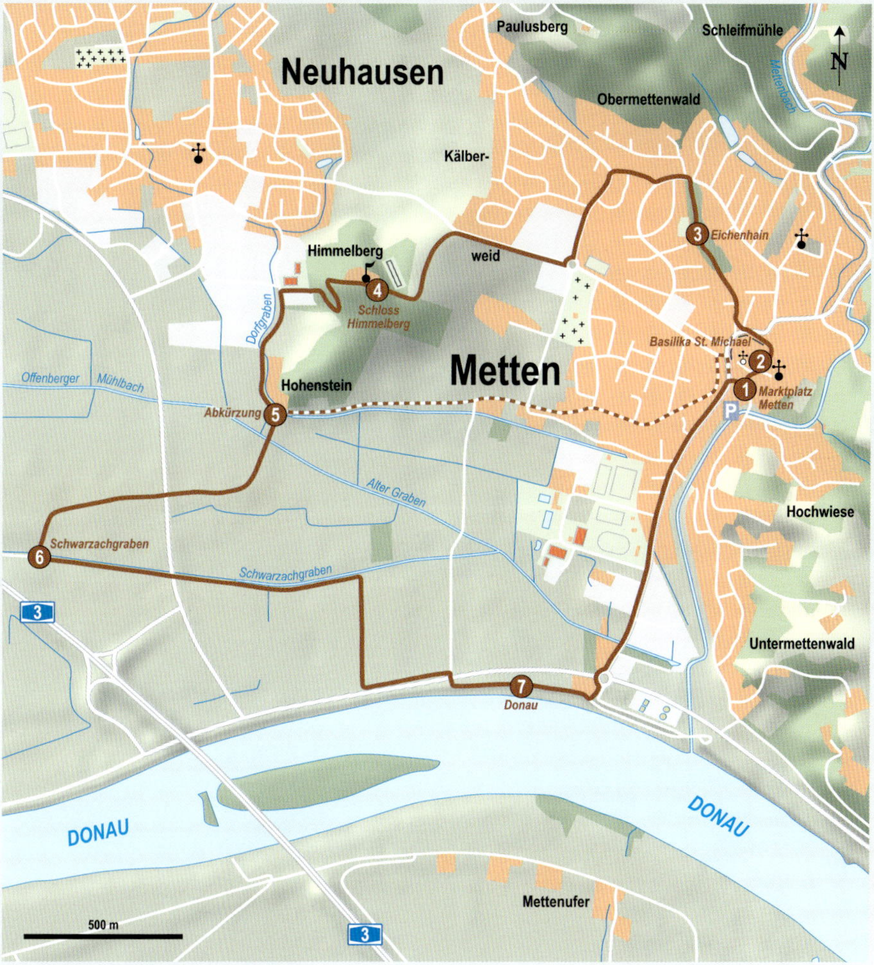

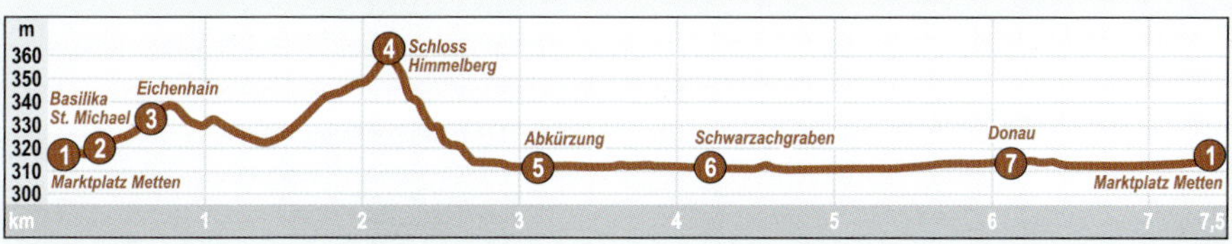

Basilika Kloster Metten

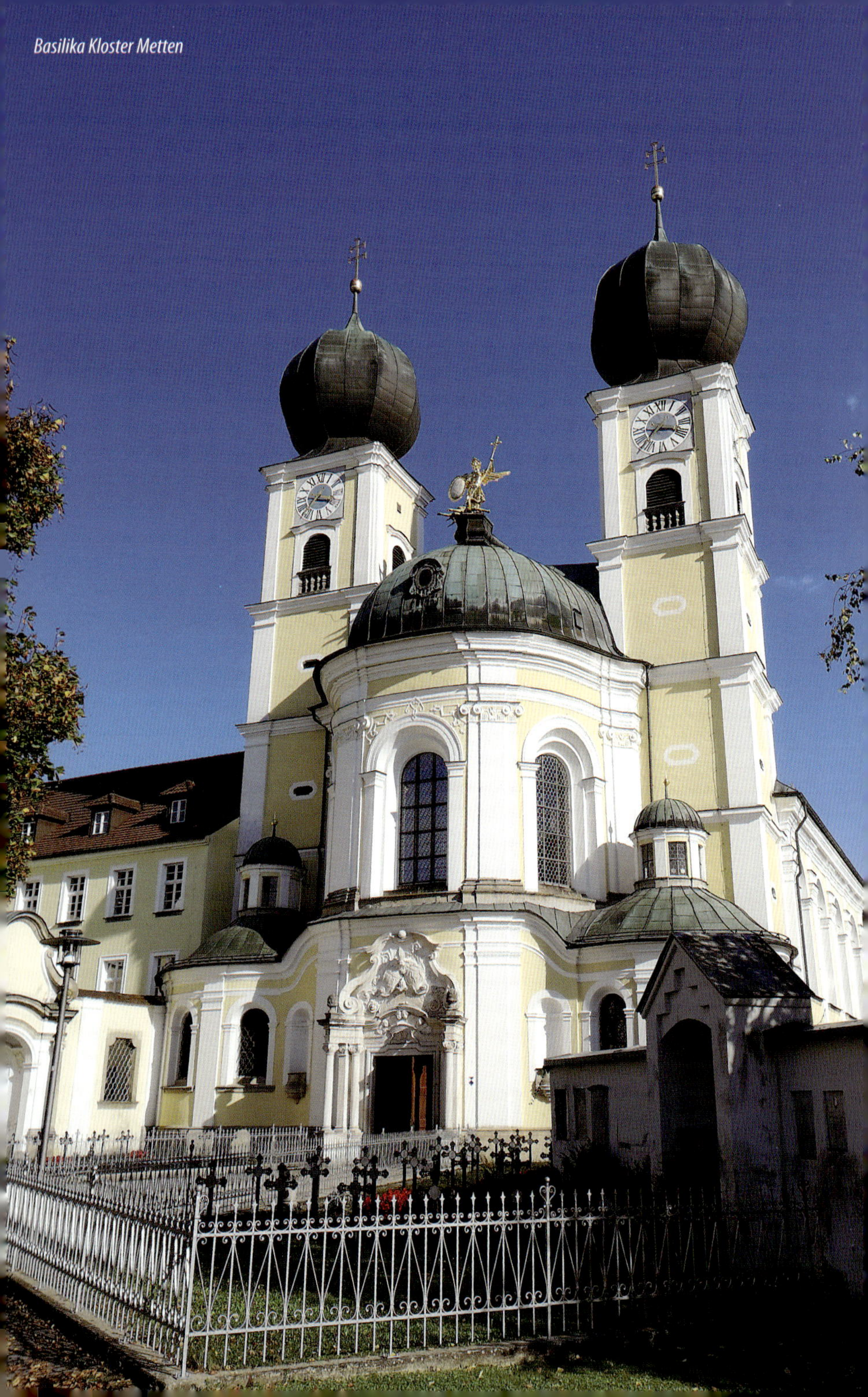

Unsere Kulturwanderung startet am Marktplatz in Metten bei der Klostergärtnerei ❶ und dem Café am Kloster. Es sind nur ein paar Stufen, bis wir vor der imposanten Basilika mit zwei Westtürmen stehen.

Ein Besuch der Kirche ❷ und der barocken Bibliothek lohnt sich, ebenfalls ein kurzer Rundgang durch den Prälatengarten. Eine Führung ist mit Anmeldung möglich. Anschließend gehen wir am Pfarrbüro (Abteistraße) vorbei, überqueren die Hauptstraße und folgen dem Sackgassenweg/ Schild Straßerweg. Hier quert ein Radweg, und wir sehen die Wandermarkierung „rote 10" beim „Haus der Diakonie am Eichenhain". Wir stehen vor einem außergewöhnlichen Waldstück, dem Eichenhain, ❸ mitten in der Besiedelung des Marktes. Der klösterliche Wald von 180 Hektar ist im Besitz des Klosters Metten und ein Schmuckstück sowie Naturdenkmal. Die hoch in den Himmel ragenden alten Bäume (Eichen) sind eine Augenweide und ein außergewöhnlicher Kraftort. Vor Kurzem wurde ein Bewegungsparcours errichtet für Jung und Alt. Nach 500 Metern endet der Wald. Wir überqueren die Eichenhainstraße zur Wilhelm-Fink-Straße und kommen zur Finsinger Straße. Hier halten wir uns links, gehen an der Mittelschule vorbei und wechseln beim Kreisverkehr auf die linke Seite zum Geh- und Radweg in Richtung Neuhausen. Vorbei an bewirtschafteten Feldern (im Sommer leuchtet hier oft ein gelbes Rapsfeld), gehen wir bis zur Kuppel nach dem Ortsschild. Das imposante Wegkreuz am linken Straßenrand ist nicht zu übersehen und wirkt wie ein Mahnmal. An dieser Stelle biegen wir links in Richtung Wald ab. Das Schloss Himmelberg ❹ (Himmelbergschlösschen) liegt versteckt und wie im Dornröschenschlaf im Wald

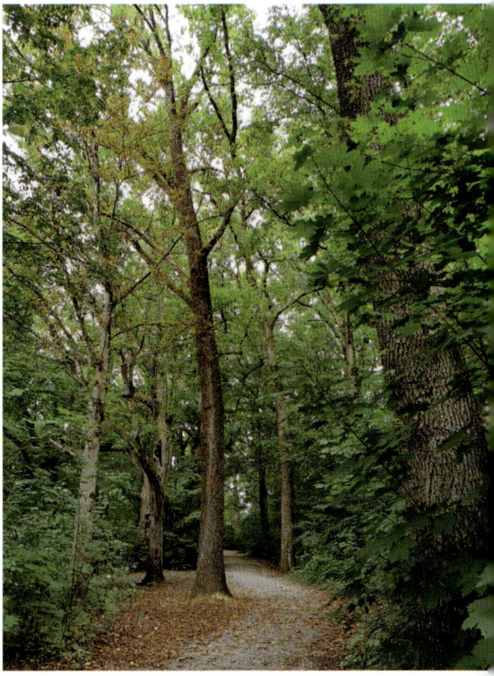

Imposante alte Eichen mitten im Siedlungsgebiet

Info zur barocken Bibliothek des Klosters Metten

Weit über die bayerischen Grenzen hinaus ist die barocke Bibliothek des Klosters Metten bekannt. Sie wurde unter Abt Roman II. Märkl (1706 bis 1729) gleichzeitig mit der Klosterkirche in den Jahren 1722 bis 1726 ausgebaut.

Öffnungszeiten Kloster und barocke Bibliothek des Klosters Metten unter www.kloster-metten.de

Himmelbergschlösschen

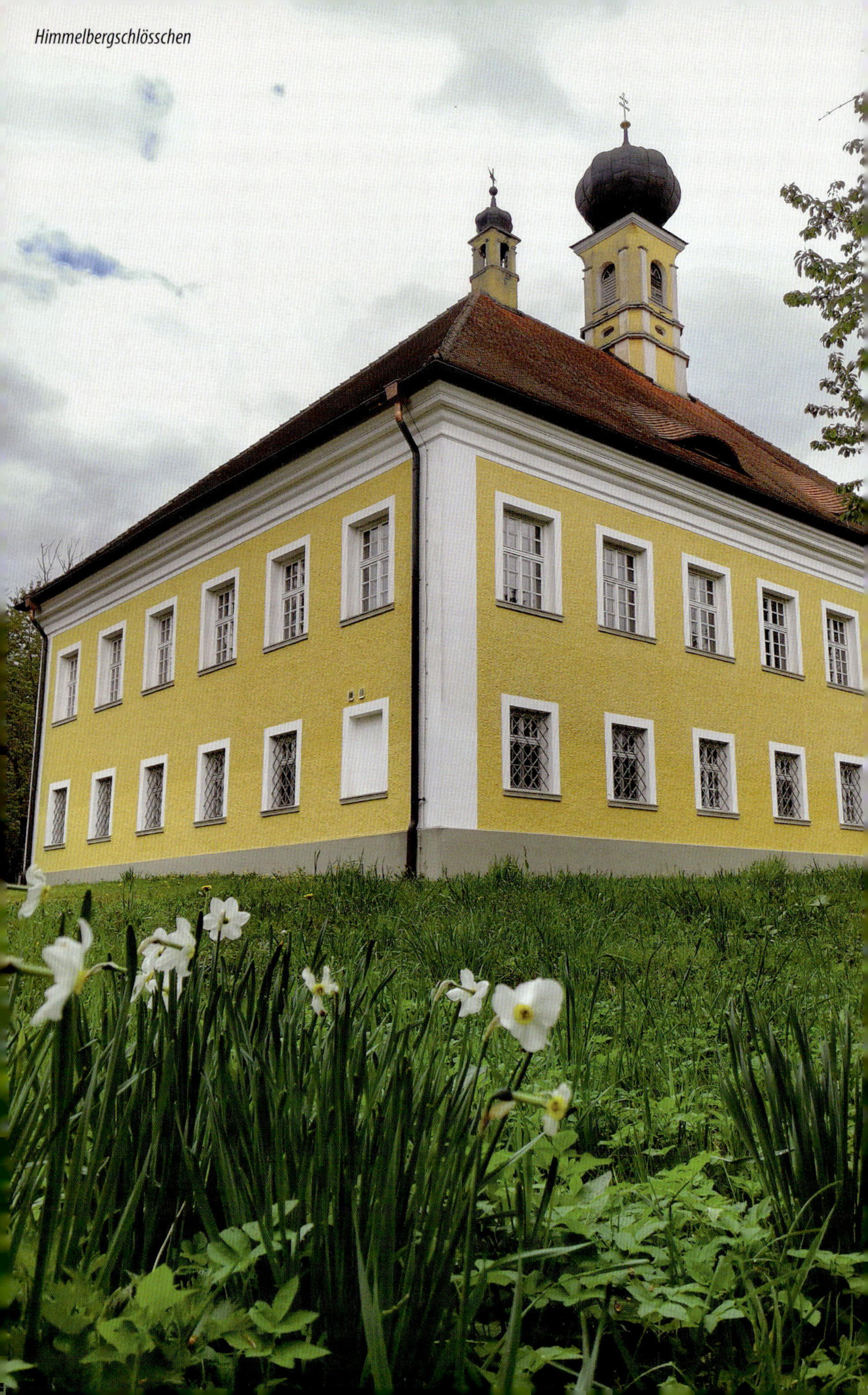

(Himmelbergstraße 1, 94560 Offenberg). Zu besonderen Veranstaltungen ist die Paulus-Kapelle geöffnet. Das Herrenhaus wurde von den Äbten von Metten früher als Sommerresidenz genutzt.

Wir spazieren daran vorbei und begeben uns auf den vor einigen Jahren neu gestalteten Kreuzweg.Die künstlerisch sehr schön gestalteten Stationen schlängeln sich durch den Wald. Wir verlassen das Waldstück kurz vor der Station 1 geradeaus und sehen den Tennisplatz vor uns. Hier gehen wir zur verkehrsberuhigten, asphaltierten Straße. Nun biegen wir links ab und gehen bis zum gelben Wegweiser nach Zeitldorf 5. (Wer will, könnte hier abkürzen und mit der roten 7 auf asphaltierter Straße geradeaus zum Marktplatz gehen.) Wir aber wollen noch über die Feldwege zur Donau spazieren. Dazu müssen wir nach ca. 100 Metern die stark befahrene Hauptstraße überqueren 6 und bleiben dann auf der Beschilderung „rote 1", die sich kurz darauf gabelt. Wir halten uns wieder links entlang des Feldweges, müssen aber leider kurz darauf erneut die Hauptstraße (zurück) überqueren, um auf den Donaudamm zu gelangen. Bereits hier sieht man das Wasserwacht-Haus an der Donau beim Kreisverkehr. Eine Pause am Donauufer 7 schadet nicht. Der Rückweg zum Ausgangspunkt ist unkompliziert. Wir bleiben auf dem Gehweg und haben die Basilika in Blickrichtung. Nun gönnen wir uns ein kühles Eis oder einen Cappuccino am Marktplatz 1.

Bayerisch Kanada

Romantische Wasserwanderung am Schwarzen Regen kombiniert mit verschlungenen Waldabschnitten

TOUR 13

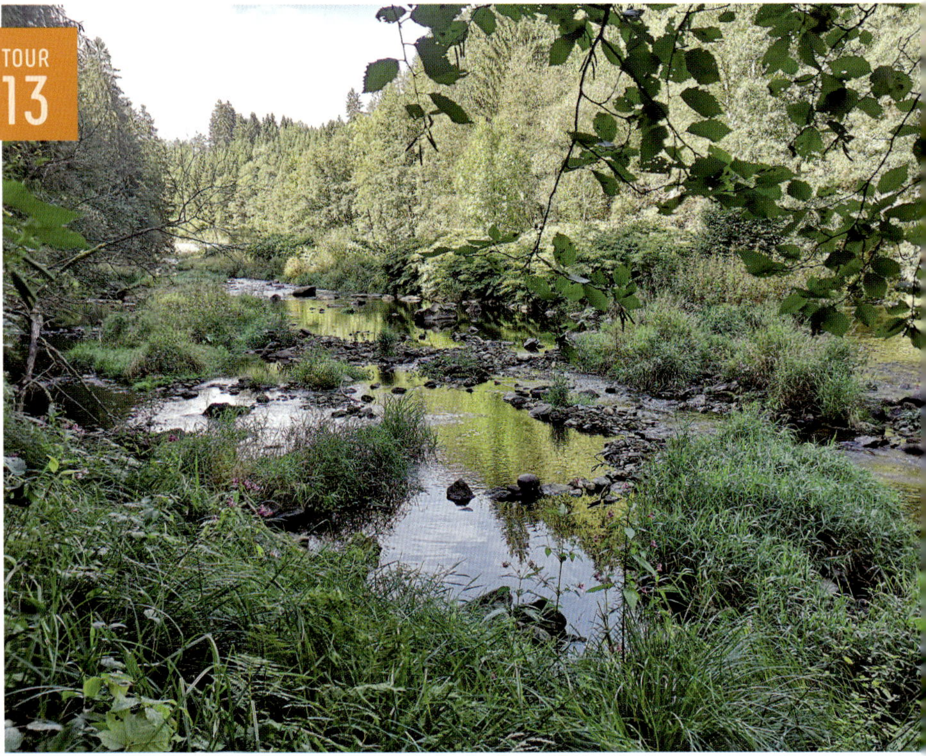

Start/Ziel

Öffentliche Parkplätze neben den Bahngleisen in Teisnach
Bahnhofstraße 5, 94244 Teisnach

Alternativer Startpunkt:
Wanderparkplatz Gumpenried-Asbach, 94244 Geiersthal

Bahnhof Teisnach – Gumpenried-Asbach – Bahnhof Teisnach

Rote 14, rote 10
Flussmarkierung (zwei Wellen)

Unberührte Natur und im Herbst eine bunte Farbenpracht zeichnen die entspannte Wanderung aus. Wald- und Wasserwege wechseln sich ab.

Keine Einkehrmöglichkeit während der Tour. Verschiedene Einkehrmöglichkeiten am Marktplatz Teisnach oder in der Stadt Viechtach, auch mit der Waldbahn erreichbar.

Viechtach, Stadtplatz 1, 94234 Viechtach
Tel. 09942 808-250
tourist-info@viechtach.de
www.viechtacher-land.de

Foto: Schönes Flussbett

leicht | 6,5 km einfach | 100 Hm | 2:00 h

Rückfahrt mit der Waldbahn möglich

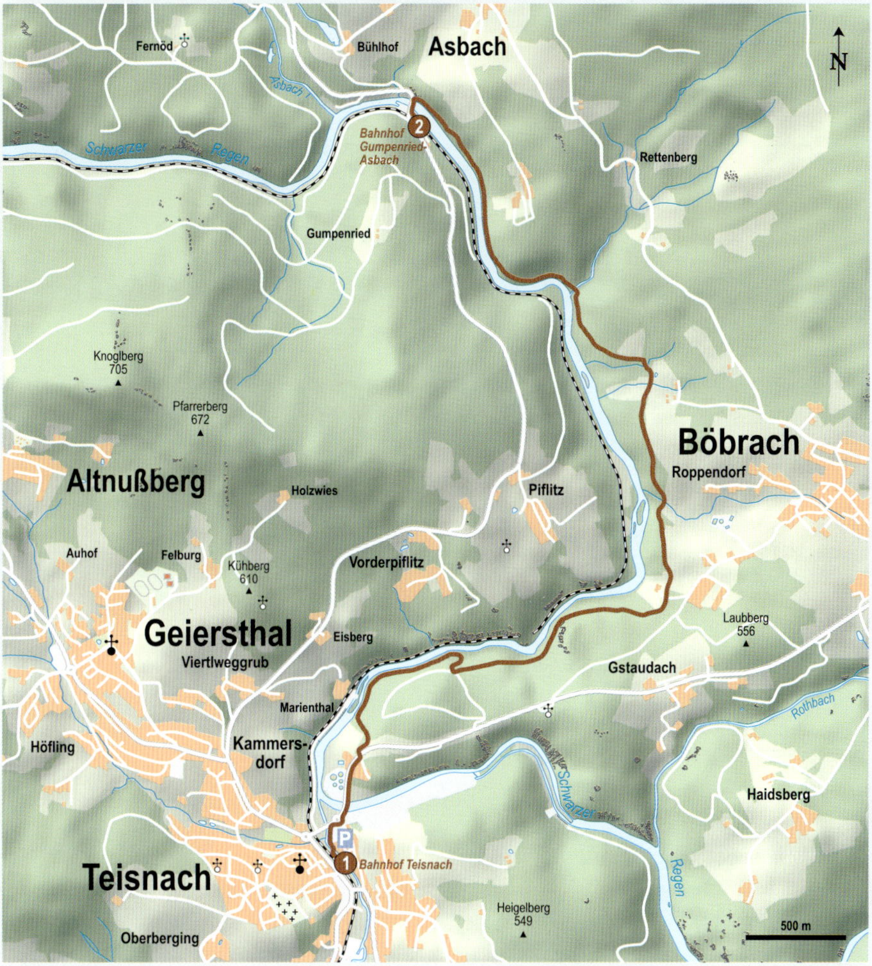

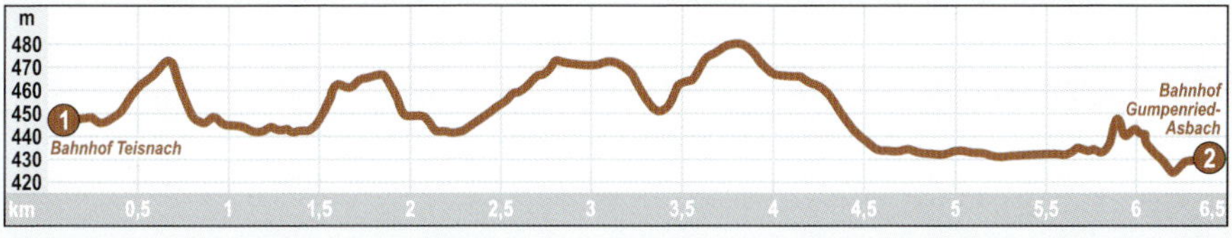

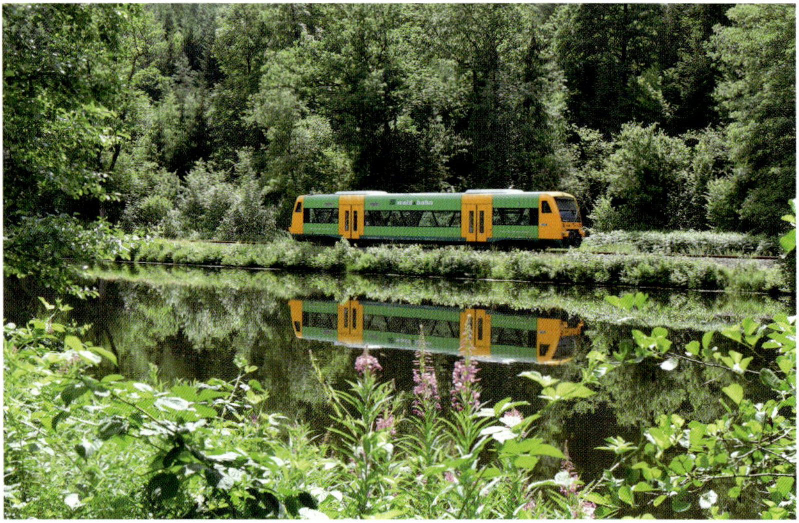

Die Waldbahn kann für die Hin- und Rückfahrt genutzt werden

Allein die Bezeichnung „Bayerisch Kanada" lockt Wanderer in das Gebiet rund um den Schwarzen Regen. Unberührte Natur und im Spätsommer großartige Farbspiegelungen im Wasser werden dem Namen gerecht. In vielen Broschüren startet die Tour am Wanderparkplatz an der Haltestelle Gumpenried-Asbach, und die meisten Wanderer marschieren den Fluss aufwärts. Da die Parkmöglichkeiten beschränkt sind, muss man vor allem an den Wochenenden früh am Ausgangspunkt sein. Daher bevorzuge ich die Tour ab Bahnhof in Teisnach (1) mit genügend Parkmöglichkeiten. Die stündlich fahrende Waldbahn kann sowohl für die Rückfahrt als auch für die Hinfahrt genutzt werden. Die Bahntrasse wird als eine der schönsten in Deutschland bezeichnet. Daher sollte man eine Fahrt genießen.

Generell zu beachten ist, dass zu den Vogelbrutzeiten der Wasserwanderweg nicht durchgängig begehbar ist. (Auch aus diesem Grund bevorzuge ich den Hinmarsch ab Teisnach.)

Der Einstieg ab Teisnach ist etwas schwierig zu finden: Vom Bahngleis aus gehen wir in Richtung Kreisverkehr, bleiben auf dem Gehweg, biegen rechts ab und überqueren die Regenbrücke/den Fluss Teisnach. Nach etwa 20 Metern bergauf sehen wir auf der linken Straßenseite eine Abzweigung in den Wald. Hier überqueren wir die zum Teil stark befahrene Straße vorsichtig. Die Flusswanderung ist mit zwei schwarzen Wellen markiert.

Wir folgen vorerst der Flussmarkierung bzw. der roten 14 auf einem gut begehbaren Waldweg. Sehr schön und beeindruckend sind die wuchtigen Steinfelswände im Wald zu Beginn unserer Tour und die abwechslungsreiche Fauna entlang des Flusses. Nach 800 Metern verlassen wir das Flussufer, das Schutzgebiet der Flussuferläufer, und bleiben auf dem leicht ansteigenden, geschotterten Weg (rote 14). Wir kommen an zwei markant aufgetürmten Steinen vorbei, die geradezu einladen, die mitgebrachte Brotzeit zu

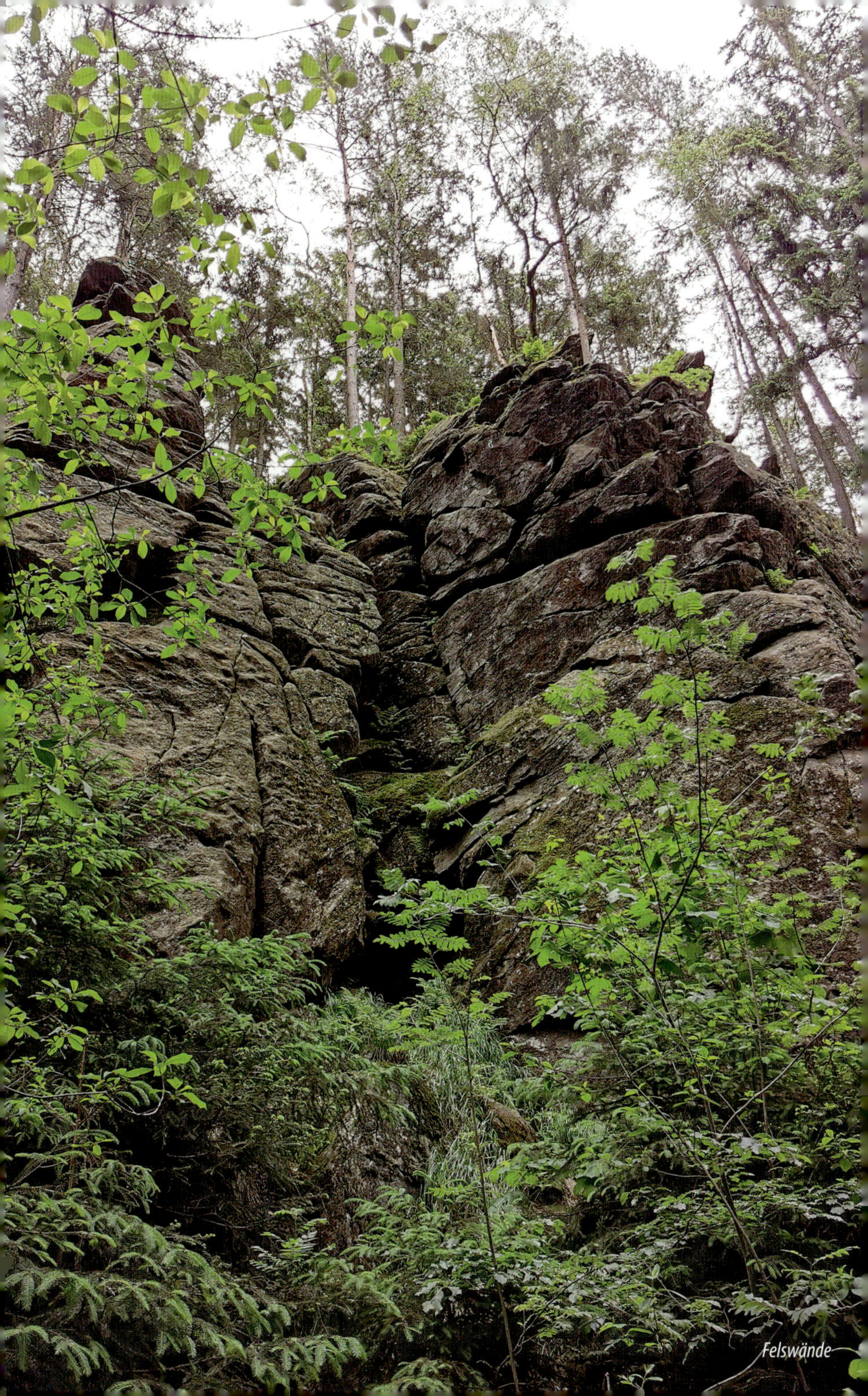

Felswände

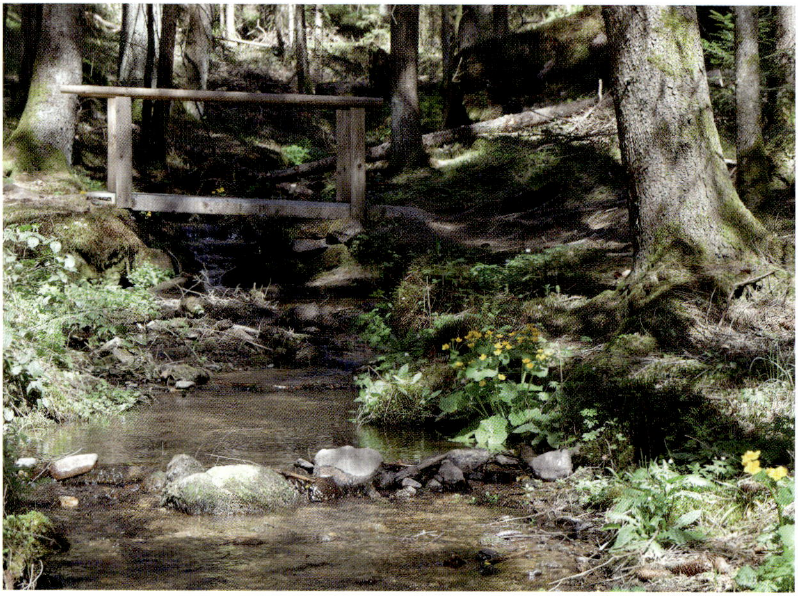

Kleine Steg-Brücke

verzehren. Weiter geht es über bemooste Waldwege in Richtung Fluss, mit kleinen Bachläufen vorbei an einem Marterl und einer Ruhebank

Ufer kurz vor Gumpenried

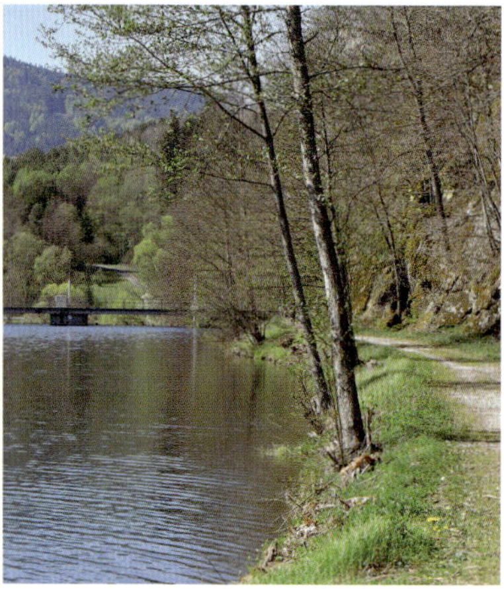

sowie an Steinfiguren. Traumhafte Ausblicke zwischen den Abschnitten eignen sich für Fotomotive. Die Beschilderung „rote 14“ wechselt in „rote 10“, wichtig für uns ist die Wellenbeschilderung. Nach der Hälfte der Gehzeit führen immer wieder Abzweigungen ans Wasser. Wir können auf den Steinen sitzen und Kanufahrer beobachten. Verlaufen kann man sich nicht, da man sich am Fluss orientieren kann. Ein kleiner Steg führt über einen Wasserlauf, alternativ kann man über die Steine balancieren. Die letzten 500 Meter bis nach Gumpenried gehen wir am Flussufer entlang mit Blick auf das Bahngleis. Die Staustelle am Parkplatz bei Gumpenried liegt vor uns. ② Hier endet unsere Wanderung, und wir können den gleichen Weg zurückgehen, oder wir überqueren den Fluss nach links, setzen die Wanderung fort zur Burg Altnußberg oder fahren mit der Waldbahn zurück nach Teisnach.

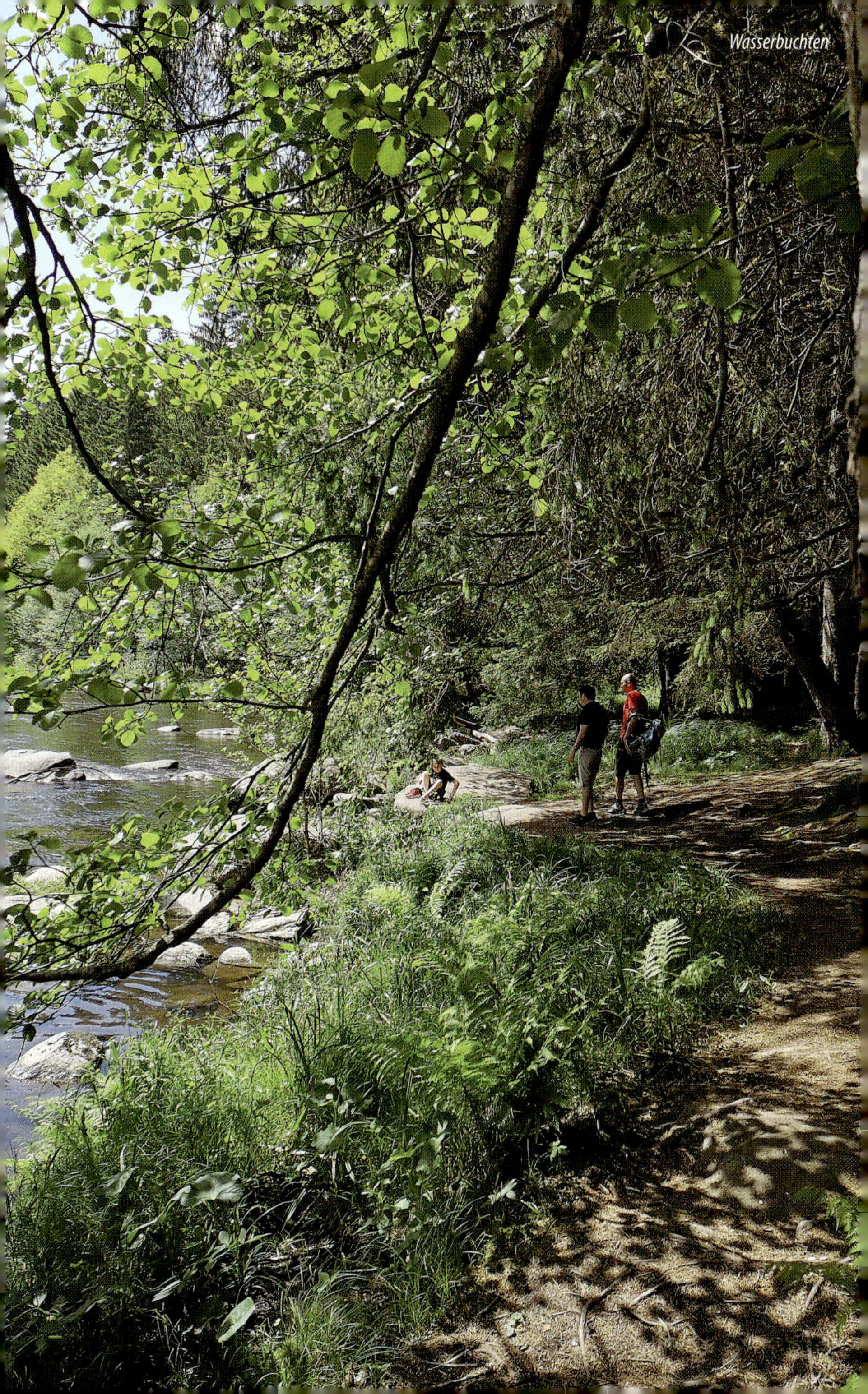

Rauf auf den Viechtacher Hausberg

Auf den Kronberg mit traumhaftem Panoramablick

TOUR 14

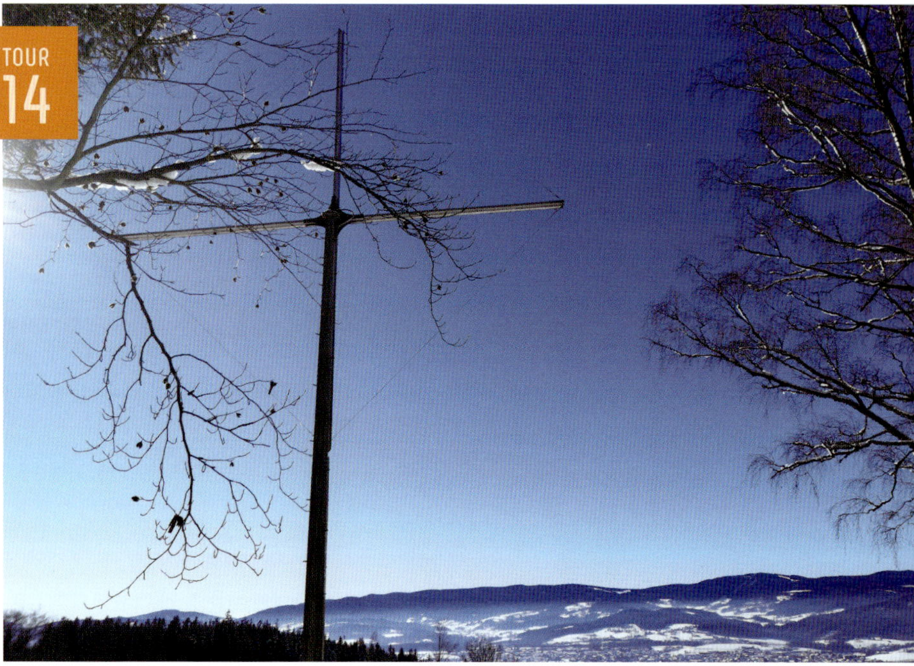

Start in Wiesing (8 km): Parkplatz Ortsmitte in Wiesing gegenüber der Feuerwehr, beim Kinderspielplatz
Navi: 94234 Viechtach, Ortsteil Wiesing 3
Start bei Kronberg-Hütte (5 km):
kleiner Parkplatz bei der Hütte: Kronberg 8, 94234 Viechtach (am Wochenende oft stark frequentiert)

Parkplatz Wiesing – Bühling – Kronberg-Hütte – Kogelkreuz – Abstecher zur Mariengrotte – Parkplatz Wiesing

Blaue 2, grüne runde 2, grüne eckige 1, rote runde 2

Wunderschöne Waldrundtour mit kurzen Anstiegen und Abstecher zum Kogelkreuz sowie zur versteckten Mariengrotte.

Wurzelige Waldwege und breite Forstwege im Wechsel.
Beschilderungen manchmal verwirrend.
Wer ab dem Parkplatz Wiesing die Tour beginnt (8 km), marschiert 3 km auf asphaltiertem Weg, wird aber mit sehr schönen Eindrücken belohnt. Einstieg auch ab Parkplatz Kronberg-Hütte möglich.

Kronberg-Hütte
Biergarten mit Selbstbedienung
Tel. 09942 2175
www.am-kronberg.de

Viechtach, Stadtplatz 1, 94234 Viechtach
Tel. 09942 808 250
tourist-info@viechtach.de
www.viechtacher-land.de

Foto: Ausblick auf Viechtach im Winter

leicht | 5 km / 8 km | 220 Hm | 2:00 h / 3:00h

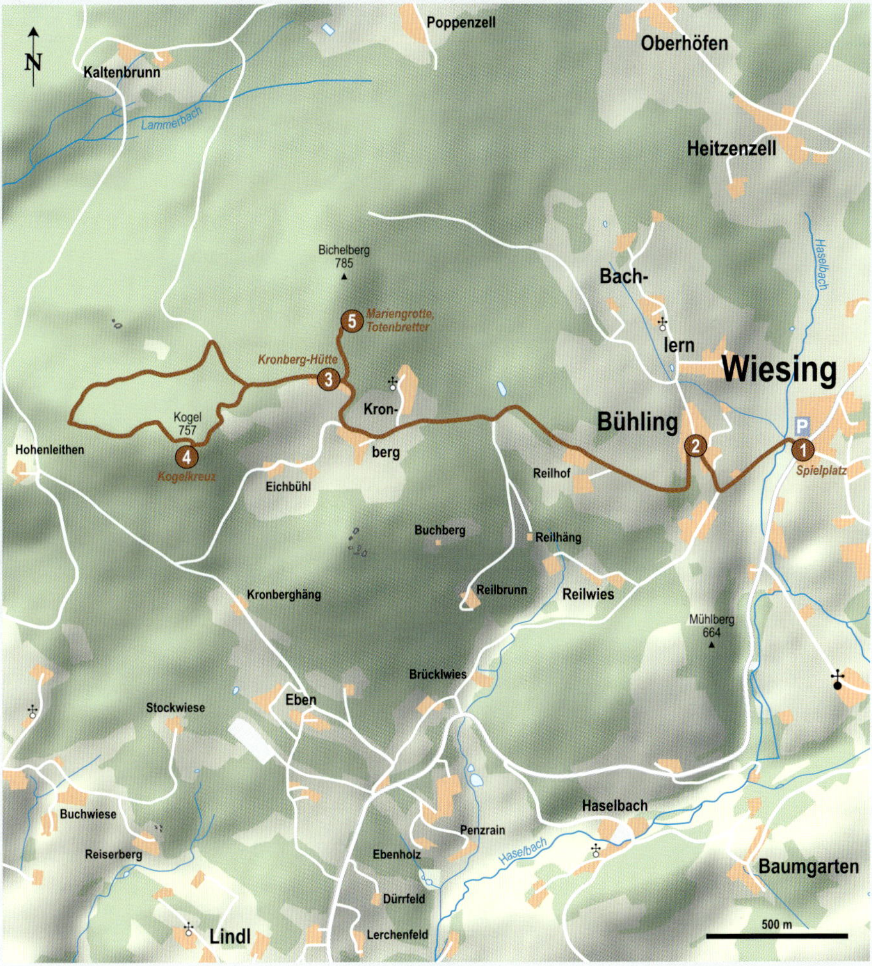

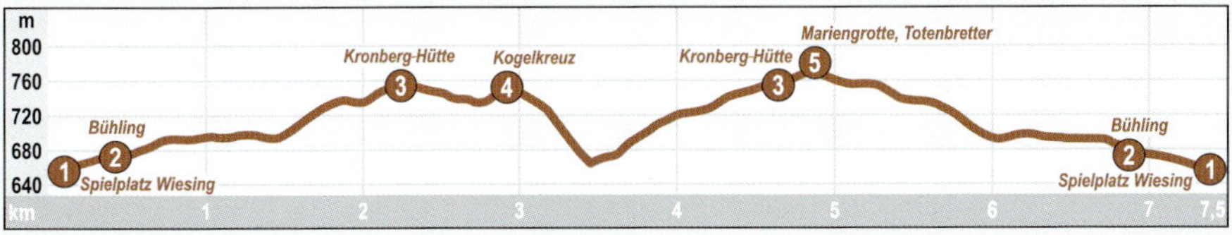

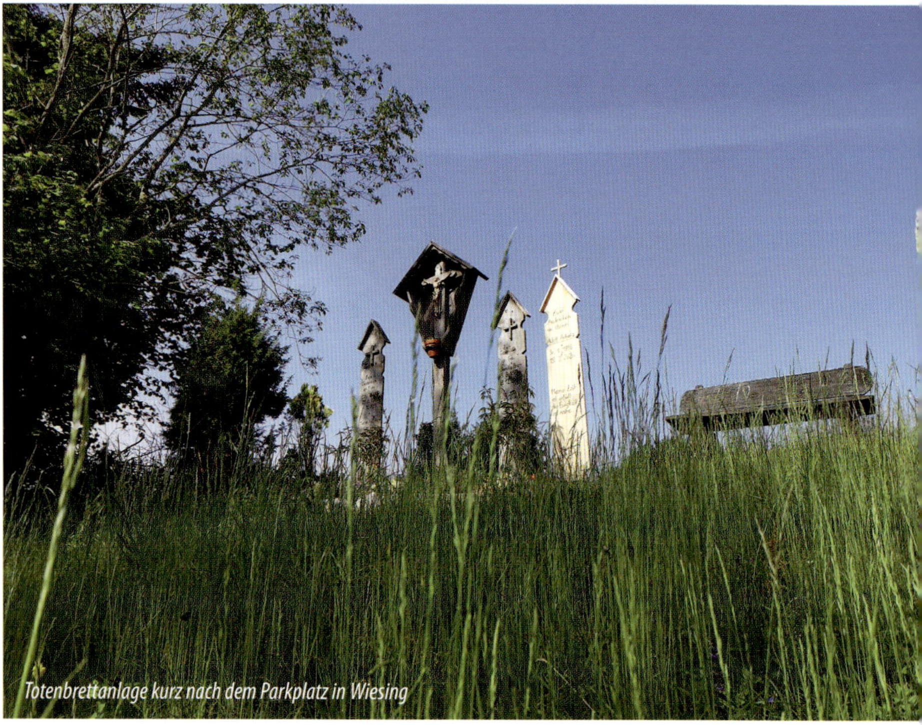

Totenbrettanlage kurz nach dem Parkplatz in Wiesing

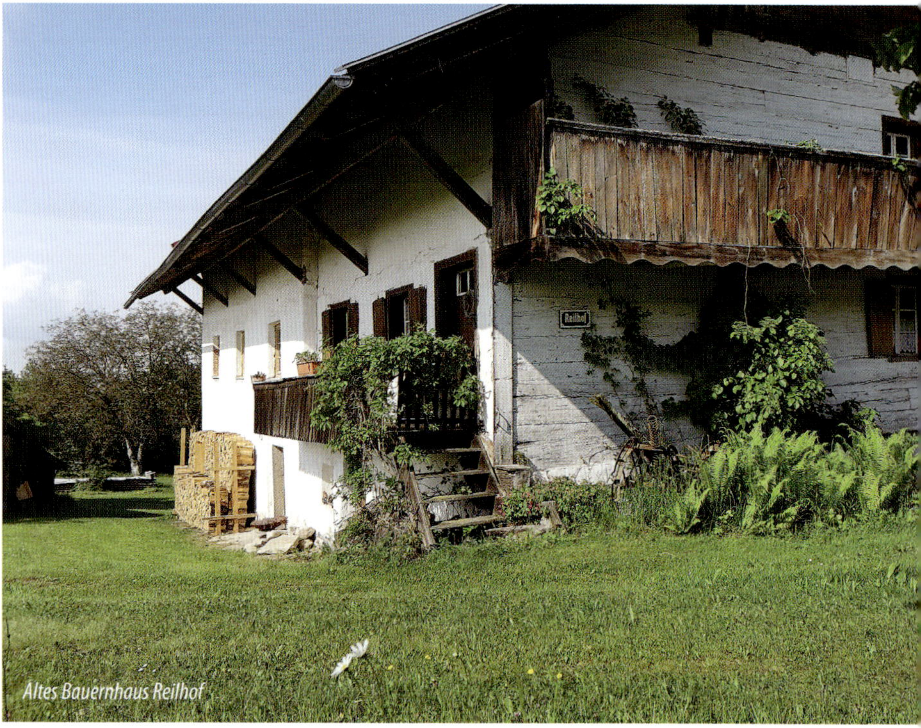

Altes Bauernhaus Reilhof

Der **Kronberg** ist der Hausberg der Region Viechtach und das Herzstück des örtlichen Wald-Vereins (Sektion Blossersberg). Die Kronberg-Hütte gehört der Sektion Blossersberg und ist an verschiedenen Tagen bewirtschaftet. Vom Kronberg blickt man ins Regental und die umliegenden Bayerwaldberge. Das Alu-Kreuz bei der Kronberg-Hütte wird bei Nacht beleuchtet.

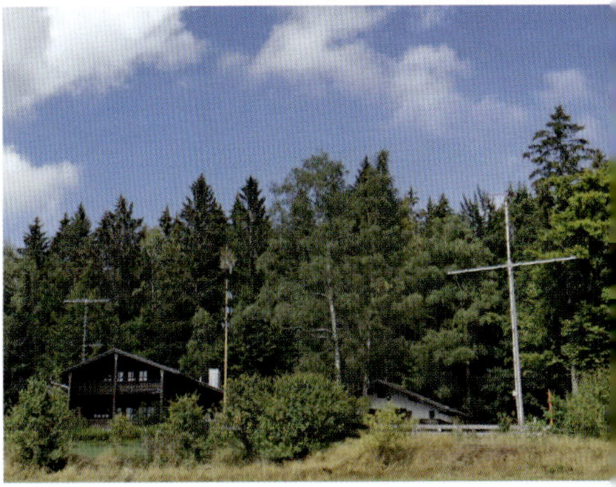

Kronberg-Hütte

Der Aufstieg zum Kronberg ist zu jeder Jahreszeit schön. Der 755 Meter hohe Hausberg der Viechtacher ist zwar bekannt, aber nicht überlaufen. Die Wanderung ist sehr vielseitig und entspannend, egal von wo man startet, ob am Parkplatz in Wiesing oder zu einer kürzeren Tour an der Kronberg-Hütte.

Start in Wiesing (8 km):

Wir starten am Parkplatz ❶ im Ortsteil Wiesing, neben dem Kinderspielplatz, und biegen links ab. Wir bleiben 3 Kilometer auf dem asphaltierten Weg mit der Beschilderung „Kronberg/Kronberg-Hütte". Bei der ersten Abzweigung halten wir uns rechts (Beschilderung: blaue 2) und anschließend links. Der Anstieg ist kurzweilig. Immer wieder kommen wir an Gedenkkreuzen, Marterln und Ruhebänken vorbei. Die wenigen Häuser im Landhausstil bzw. Bauernhäuser auf dem Weg vorbei an Bühling ❷ und dem Reilhof sind inmitten der Natur mit Blick auf das Bayerwaldpanorama eine Augenweide. Daher stört es nicht, dass der Weg asphaltiert ist. Nach der letzten Kurve sieht man die idyllisch gelegene ❸ Kronberg-Hütte und das nachts beleuchtete, 16 Meter hohe Kronberg-Kreuz, umgeben von saftigen Wiesen und Wald. Hier empfiehlt es sich, eine kurze Pause einzulegen und das Panorama zu genießen. Während im Herbst oft Nebelschwaden die Stadt Viechtach verdecken, kann man auf der Hütte die Sonne genießen. Weitere Wanderungen bieten sich ab der Hütte an.

Start bei Kronberg-Hütte (5 km)

Der Wanderparkplatz ❸ liegt hinter der Hütte, von wo aus wir unsere Tour auf unterschiedlichen Waldbodenbeschaffenheiten fortsetzen. Wir halten uns links und folgen dem Forstweg, zunächst der Markierung „grüne runde 2" (Kronberg-Rundweg). Da wir jedoch zuerst zum Kogelkreuz gehen, nehmen wir in wenigen Metern den linken Weg und achten auf die Beschilderung „grüne eckige 1". Hier muss man aufpassen, denn die Beschilderungen sind etwas versteckt. Kurz darauf gabelt sich der Weg in einen grasigen Weg und einen Waldweg.

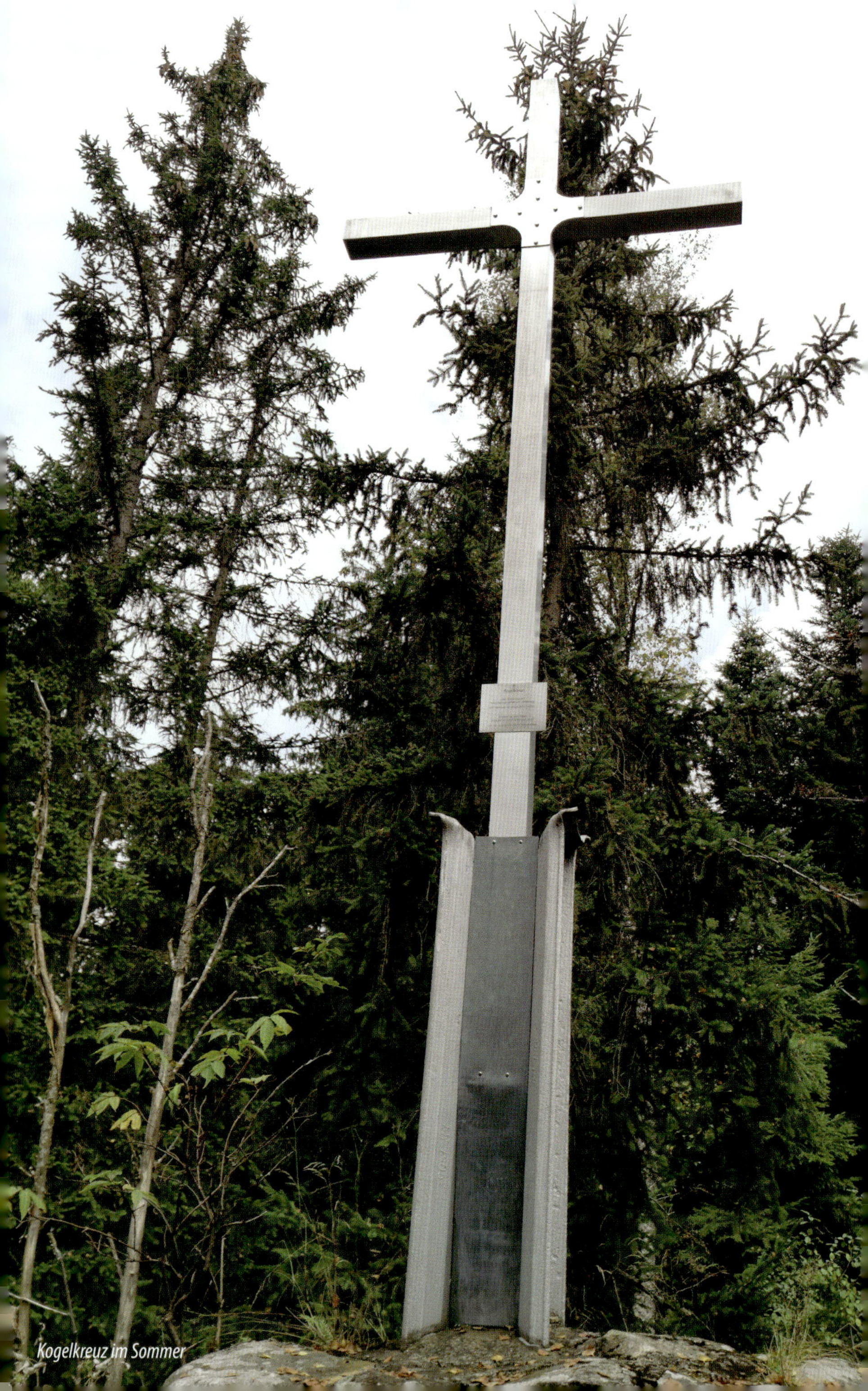

Kogelkreuz im Sommer

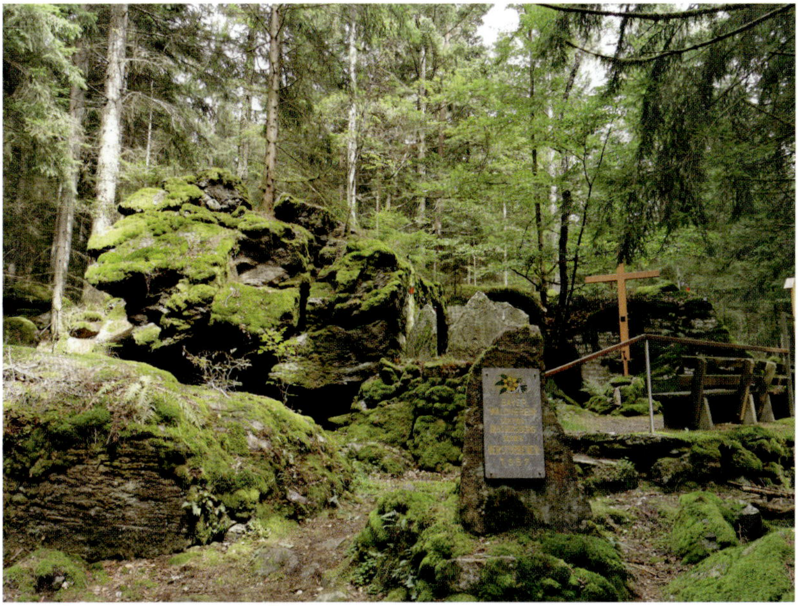

Gedenkstätte und Felsengrotte im Wald

Wir bleiben rechts auf dem Pfad, anschließend geht es gleich wieder links und dann den Berg hinauf, immer auf dem „Trampelpfad" bleibend geradeaus. Die letzten Meter sind mit großen Steinstufen gesäumt, bevor man das imposante 4 Meter hohe Alu-Kreuz, das Kogelkreuz 4, erblickt, das ursprünglich als Mahnung für einen dauerhaften Frieden aufgestellt wurde. (Nachzulesen auf der Homepage des Bay. Wald-Vereins: www.waldverein-blossersberg.de/kronberg/geschichte-kronberg/) (Auch im Winter schön!)
Zum Abstieg halten wir uns links. Auf den Bäumen sehen wir die Markierung „grüne eckige 1". Wir bleiben auf dem naturnahen Weg, bis wir die Weggabelung und die Markierung „rote runde 2" sehen. Wir bleiben auf dem linken Weg, rechts kann man abkürzen. Der Weg wird steiniger, und es geht bis zur nächsten Gabelung bergab. Hier biegen wir rechts auf den nicht markierten Forstweg ab, der gleich danach leicht ansteigt. (Ein wunderschöner Ameisenbau war zum Zeitpunkt der „Bebilderung" an der Wegkreuzung.) Nun orientieren wir uns an der grünen 2 rechts und nähern uns langsam wieder dem Ausgangspunkt. Wer noch Lust hat, kann die idyllisch gelegene und versteckte Felsengrotte 5 und Gedenkstätte im Wald besichtigen, die der Bayerische Wald-Verein errichtet hat. Auf schattigem Forst- und Waldweg gelangt man mit der Markierung „grüne Nr. 3" nach ungefähr 10 Minuten zu dem Kreuz, der Rastbank, den Totenbrettern und einer Marienstatue, die in einer Mauer auf Feldsteinen eingebettet ist. Hier lohnt es sich kurz innezuhalten, bevor man sich auf den Rückweg macht.

Familienrundweg

zur Hölzernen Hand mit geschichtlichem Hintergrund

TOUR 15

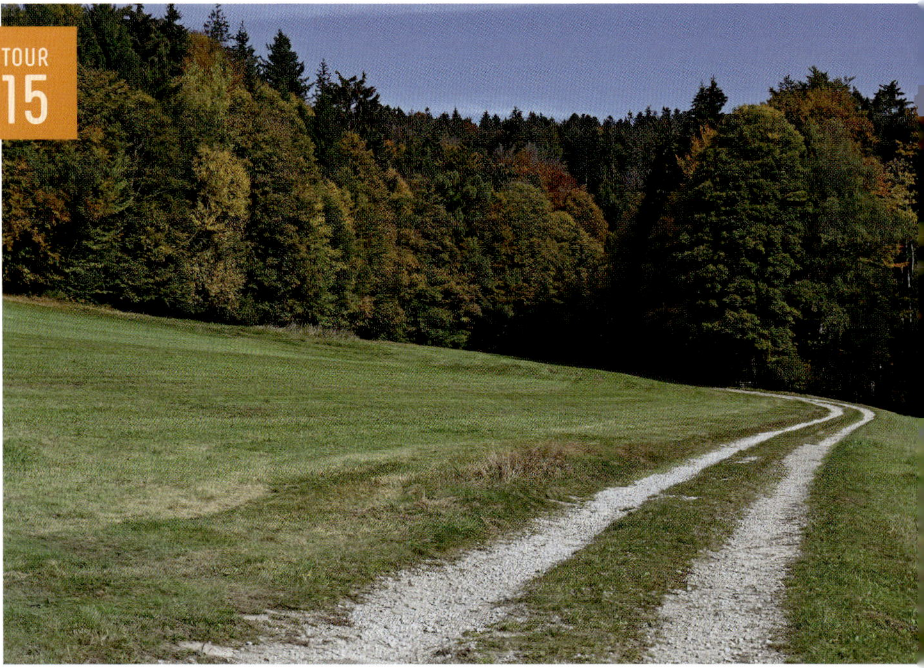

Navi: Wallfahrtskirche in Greising (Ortsteil von Deggendorf) (Koordinaten: 48.8731118003557, 13.0289946730428) oder alternativ am Wanderparkplatz Skilift am Ortsrand.

Greising/Kirche, Kneippanlage/Wanderparkplatz Oberfrohnreut – Hochwaldkapelle – Hölzerne Hand – Böhmweg – Kneippanlage/Wanderparkplatz Oberfrohnreut

Böhmweg, rote eckige 2, Kneippanlage

Gemütliche Wanderung für Groß und Klein im weitläufigen Greisinger Hochwald. Am Wochenende Einkehrmöglichkeit in der idyllisch gelegenen DAV-Hochwaldhütte.

Hochwaldhütte Deggendorf
von Januar bis März und Mai bis Oktober jeden Samstag und Sonntag geöffnet
Tel. 09920 180997

In der Ortschaft Greising:
Berggasthof Geiß
Greising 52, 94469 Deggendorf
Tel. 0991 21218 (Rücksprache empfohlen)
www.berggasthof-geiss.de

Oberer Stadtplatz 1, 94469 Deggendorf
Tel. 0991 2960535

Foto: Herbstwald

leicht | 7,5 km | 210 Hm | 1:30 h – 2:00 h

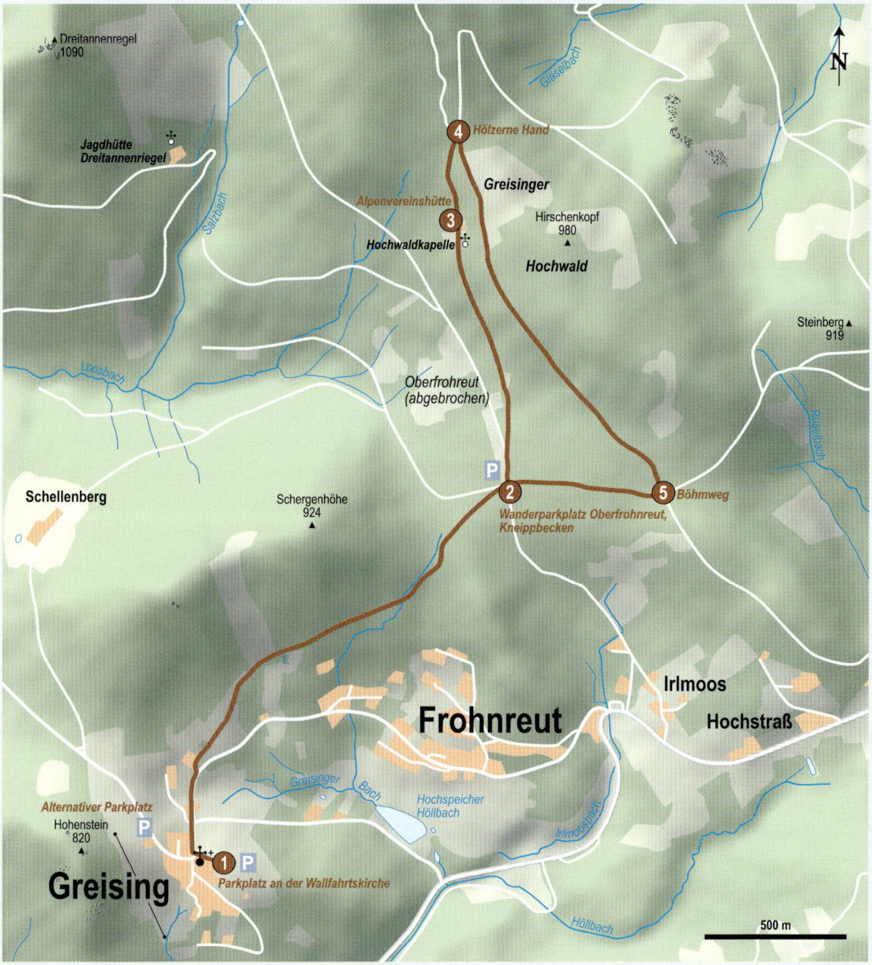

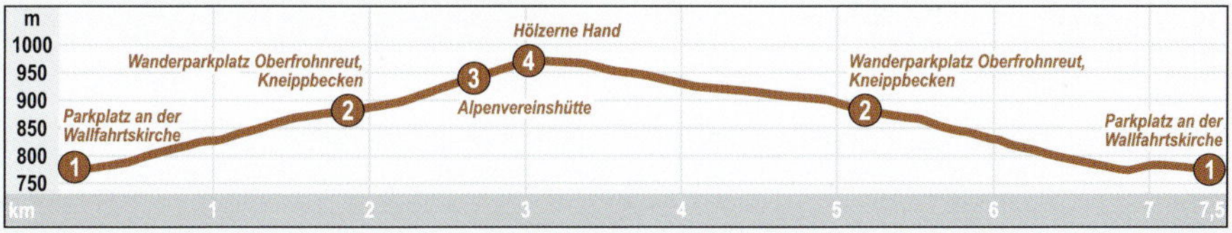

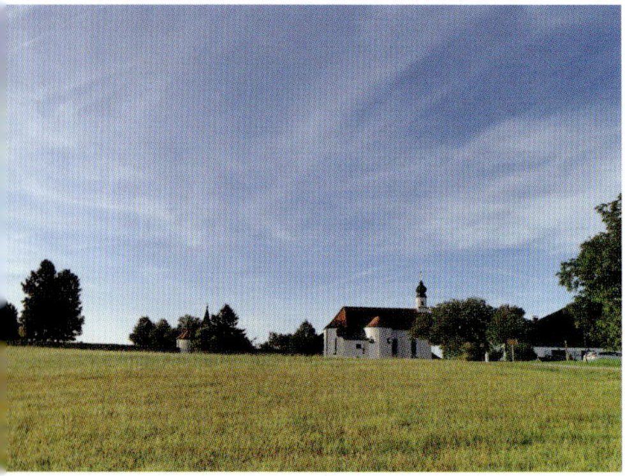

Wallfahrtskirche Greising

Ausgangspunkt ist der Parkplatz an der Wallfahrtskirche in Greising ❶ (oder alternativ am Ortsrand beim Skilift). Wir gehen zur Hauptstraße in Fahrtrichtung Deggendorf und dem gelben Ortsschild von Frohnreut und sehen nach dem Buswartehäuschen die Wandermarkierungen, die in den Wald zeigen. Hier beginnt ein sehr schöner naturnaher Waldweg, der auch mit Kinderwagen begehbar ist. Wir folgen der Markierung „Böhmweg" oder der roten eckigen 2 für knapp 1,8 km zur Kneippanlage. Der Greisinger Hochwald mit vielen Heidelbeerstauden und vermoosten Steinen glitzert im Sonnenlicht, und bei heißen Temperaturen ist die Wanderung für einen Familienausflug ideal. Beim Knotenpunkt und Wanderparkplatz Oberfrohnreut ❷ angekommen, gibt es verschiedene Wandermöglichkeiten. Eine Abkühlung im Kneippbecken lockt, bevor wir uns auf den Weg zur DAV-Hochwaldhütte ❸ machen (Markierung: rote eckige 2). Die idyllisch im Wald gelegene Hütte erreichen wir nach 0,8 km. In der wunderschönen Hochwaldkapelle mit Totenbrettanlage und Rastbank finden auch Bergmessen statt, und es erwartet uns eine Terrasse mit Einkehrmöglichkeit. Die Kinder können toben,

Hochwaldhütte mit Hochwaldkapelle

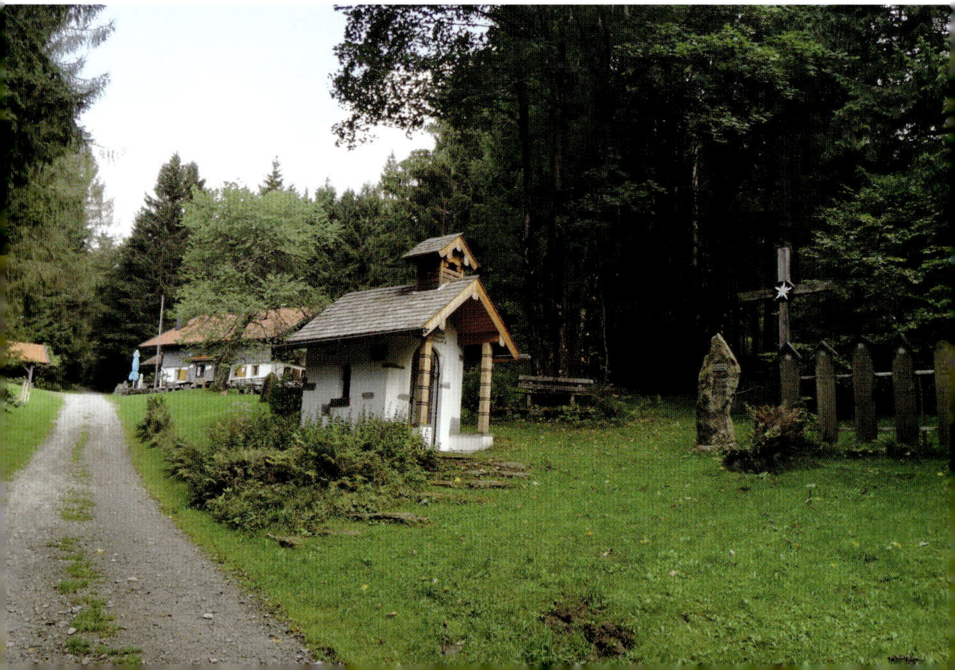

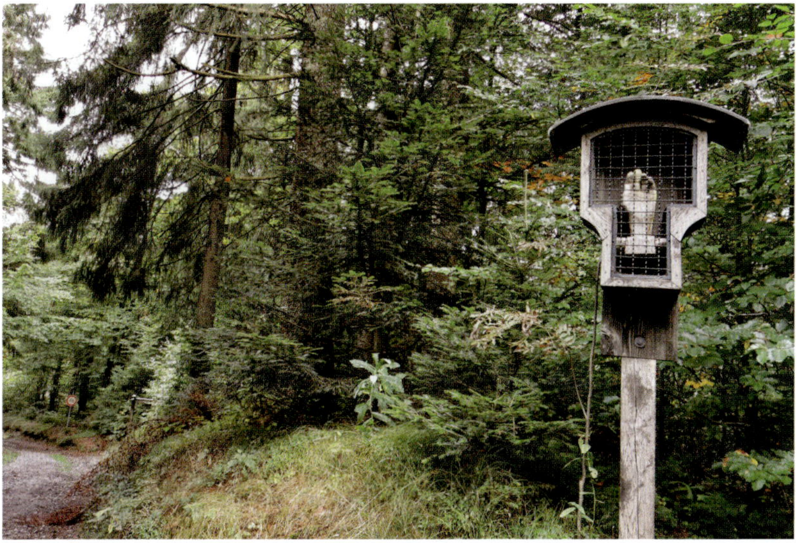

Hölzerne Hand

und bei gutem Wetter sieht man zwischen den Bäumen ins Bayerwaldland. Es geht nun wieder in den Wald hinein, und ein alter Wegweiser am Wegesrand mit der Markierung „Breitenau/Hölzerne Hand" fällt kaum auf. Am Baum sieht man die „rote 2" und wir sehen wenige Schritte weiter eine „Hölzerne Hand" am Wegesrand. 4 Wir befinden uns 971 Meter ü. NN

Beim Rastplatz „Schwammerl" hat man verschiedene Anschlusswandermöglickeiten, wie etwa zur Loderhard. Wir begeben uns auf den Rückweg auf den mit Farnen gesäumten Forstweg und folgen zunächst der Markierung „Ruselabsatz". Kurz nach der Schranke folgen wir rechts dem Böhmweg, kommen dann am Kneippbecken 2 vorbei und gehen auf bekanntem Weg zum Ausgangspunkt 1.

Sage zur Hölzernen Hand

Im Hochwald verirrte sich einmal ein Mann. Lange suchte er nach einem Weg, einer Spur, um wieder aus dem schier endlosen Waldgebiet herauszufinden. Nicht einmal Kirchenglocken deuteten ihm die Richtung. Deshalb tat er ein Gelübde: Er versprach, jedes Jahr einmal zum „Hirmo", dem hl. Hermann, nach Bischofsmais zu wallfahren, wenn er wieder aus dem Wald herausfinde. Nicht lange danach hörte er ein Rascheln im Gebüsch, und ein altes Weiblein wies in eine Richtung. Tatsächlich war er vor dem Dunkelwerden in Greising. Der Mann hielt sein Gelübde und ließ zusätzlich an der Stelle, wo ihm Hilfe gewährt wurde, eine Säule und eine aus Holz geschnitzte Hand befestigen, die in die seinerzeit eingeschlagene Richtung zeigt.

Vorbei an der Saulochschlucht

zum Nest

TOUR 16

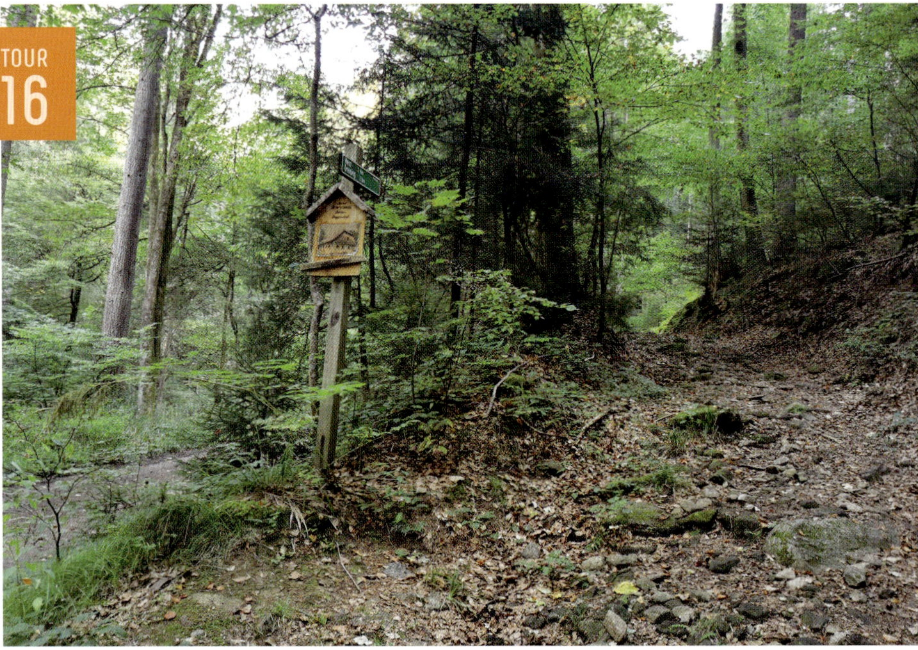

Navi: Wallfahrtskirche in Greising (Ortsteil von Deggendorf) (Koordinaten: 48.8731118003557, 13.0289946730428) oder alternativ am Wanderparkplatz Skilift am Ortsrand.

Greising/Kirche – Totenbrettanlage Wald – Tattenberg – Miniaturkirche/Schwemmberg – Gedenkkreuz – Zum Nest – Moritz-Kupfer-Kreuz-Platz – Greising/Kirche

Böhmweg, Nest, Greising: rote runde 6

Mittelschwere bis anspruchsvolle Wanderung im Greisinger Hochwald, idyllisch am Bachlauf, beeindruckende Waldschlucht mit Steinmeer. Trittsicherheit und gutes Schuhwerk erforderlich.

Abwechslungsreich für konditionsstarke Kinder. Am Wochenende Einkehrmöglichkeit in der idyllisch gelegenen Waldvereins-Hütte „Nest".

Berghaus „Nest"
vom Waldverein/Sektion Deggendorf
Öffnungszeiten vorher erkundigen unter www.waldverein-deggendorf.de

In der Ortschaft Greising:
Berggasthof Geiß
Greising 52, 94469 Deggendorf
Tel. 0991 21218 (Rücksprache empfohlen)
www.berggasthof-geiss.de

Oberer Stadtplatz 1, 94469 Deggendorf
Tel. 0991 2960535

 Foto: Tafel zum Nest

mittel | 7 km | 320 Hm | 2:30 h – 3:00 h

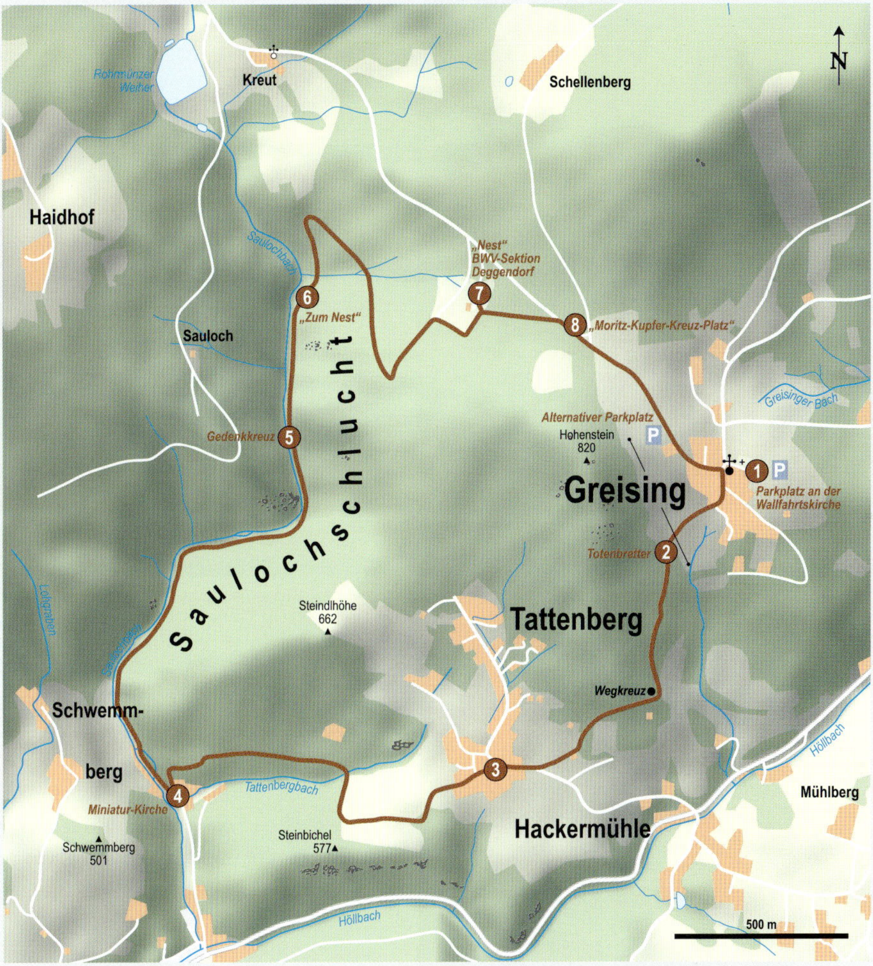

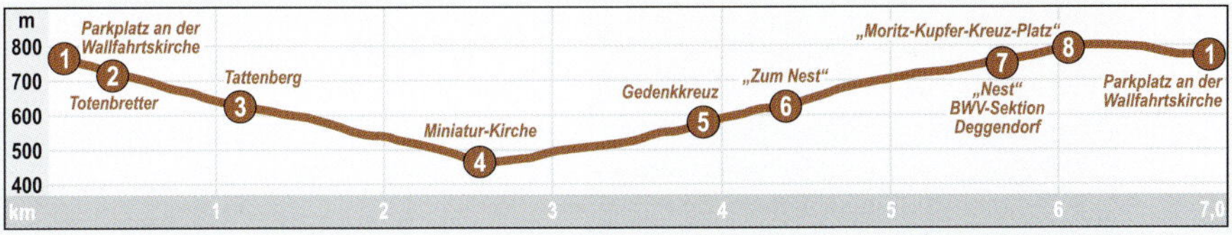

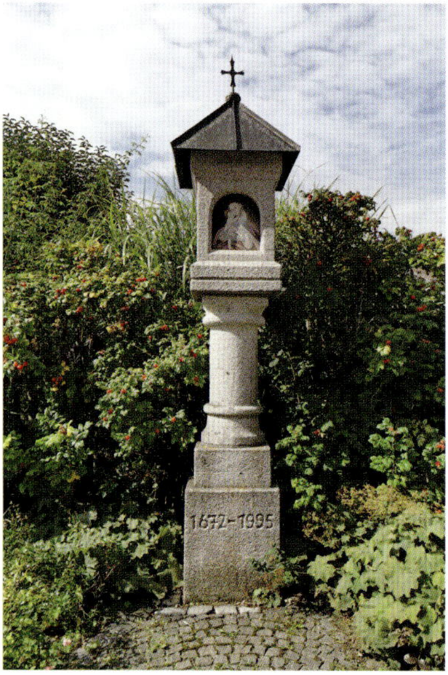

Steinmarterl in Greising

Totenbrettanlage am Waldrand

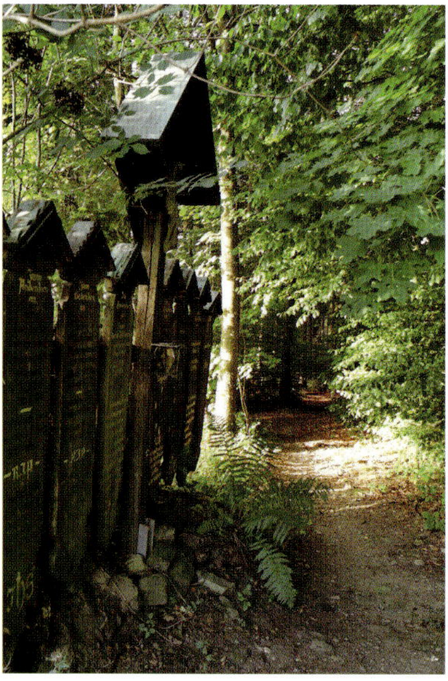

Bereits bei der Anfahrt nach Greising sehen wir die barocke Wallfahrtskirche aus dem Jahr 1692 „Unsere Liebe Frau auf dem Berge Karmel" in Greising ①. Eine Besichtigung lohnt sich vor oder nach der Wanderung. Hier können wir parken. (Alternativ gibt es am Ortsrand beim Skilift viele Parkplätze.) Wir biegen unmittelbar am Kircheneingang an der Hauptstraße links ab, vorbei am Gasthaus Geiß und an bunten Bauerngärten zur Wiese bzw. Skilift-Trasse. Der saftige Wiesenweg mit Blick ins Alpenvorland mündet nach 20 Metern in den Wald mit einer sehr alten, aber wunderschönen Totenbrettanlage. ② Nach wenigen Schritten gabelt sich der wurzelige Weg. Die Markierung „Böhmweg" (schwarzes Rad) sieht man nicht sofort. Wir kommen auf den linken, leicht geschotterten und bergab führenden Waldweg, genießen die Stille und sehen kurz darauf rechts ein Wegkreuz auf großen Steinen montiert. Schon bald kommen wir zu einer Lichtung am Waldrand mit herrlichem Panoramablick. Die Ortschaft Tattenberg ③ liegt vor uns. Wir biegen am Wegende rechts ab, gehen an einem alten Bauernhaus vorbei und orientieren uns an der Beschilderung „Böhmweg", die bei Totenbrettanlage und Ruhebank deutlich zu sehen ist. Der „Böhmweg" war über Jahrhunderte ein Handelsweg durch den Bayerischen Wald und die kürzeste Verbindungsstrecke zwischen Donau und dem böhmischen Kernland. Wir genießen den abwechslungsreichen naturnahen Weg, der von vielen bemoosten Steinen gesäumt ist und Kinder und abenteuerlustige Erwachsene zum Kraxeln verführt. Das letzte Stück bis zur Weggabelung ist sehr steinig, und da es bergab geht, ist Trittsicherheit gefragt. Bei der Miniatur-Kirche ④ am Wegende biegen wir auf die für wenige Meter asphaltierte Straße rechts ab in Richtung Greising (rote 1). Wir wandern etwa einen Kilometer weiter, vorbei an ein paar Häusern in Schwemmberg.

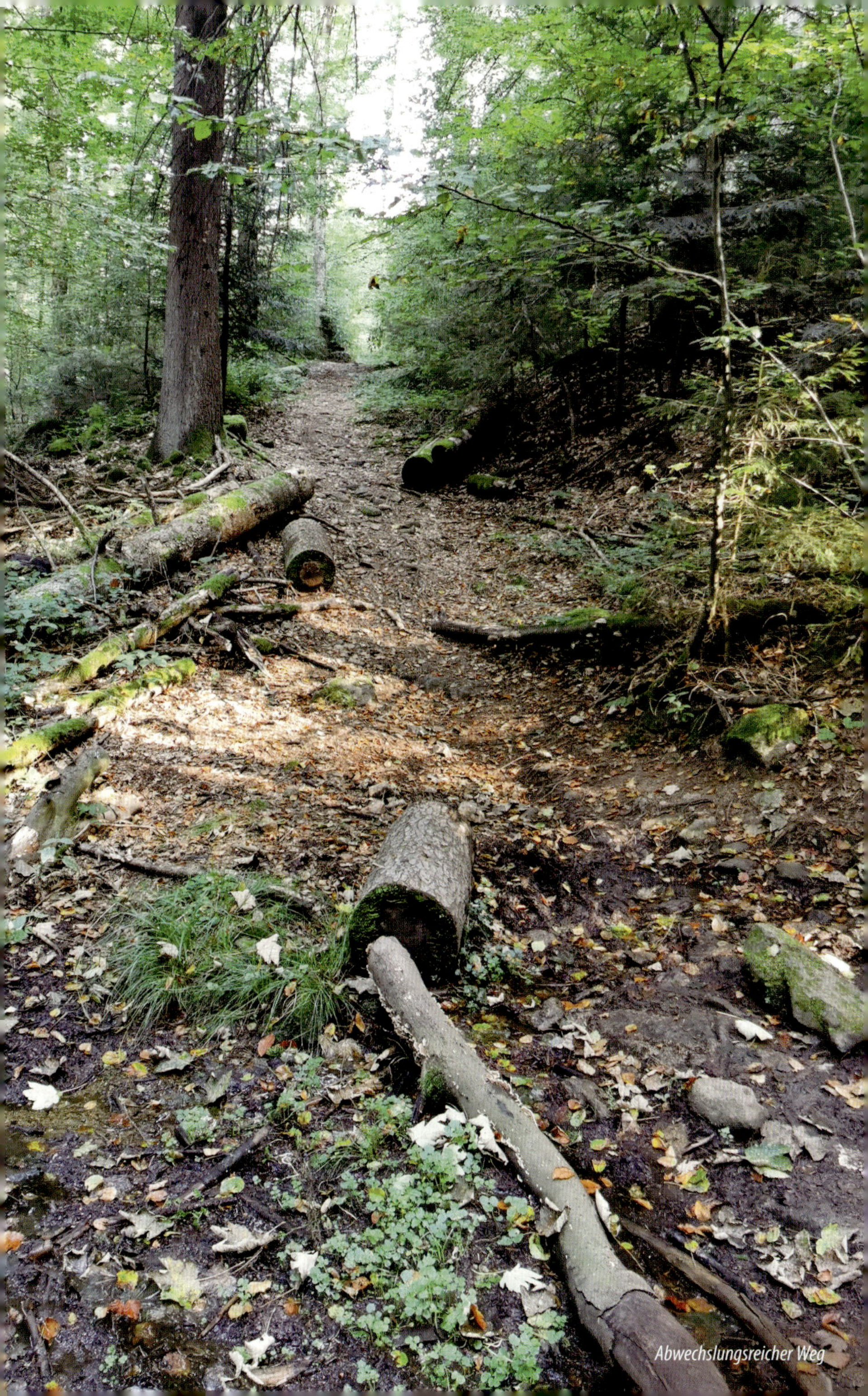

Abwechslungsreicher Weg

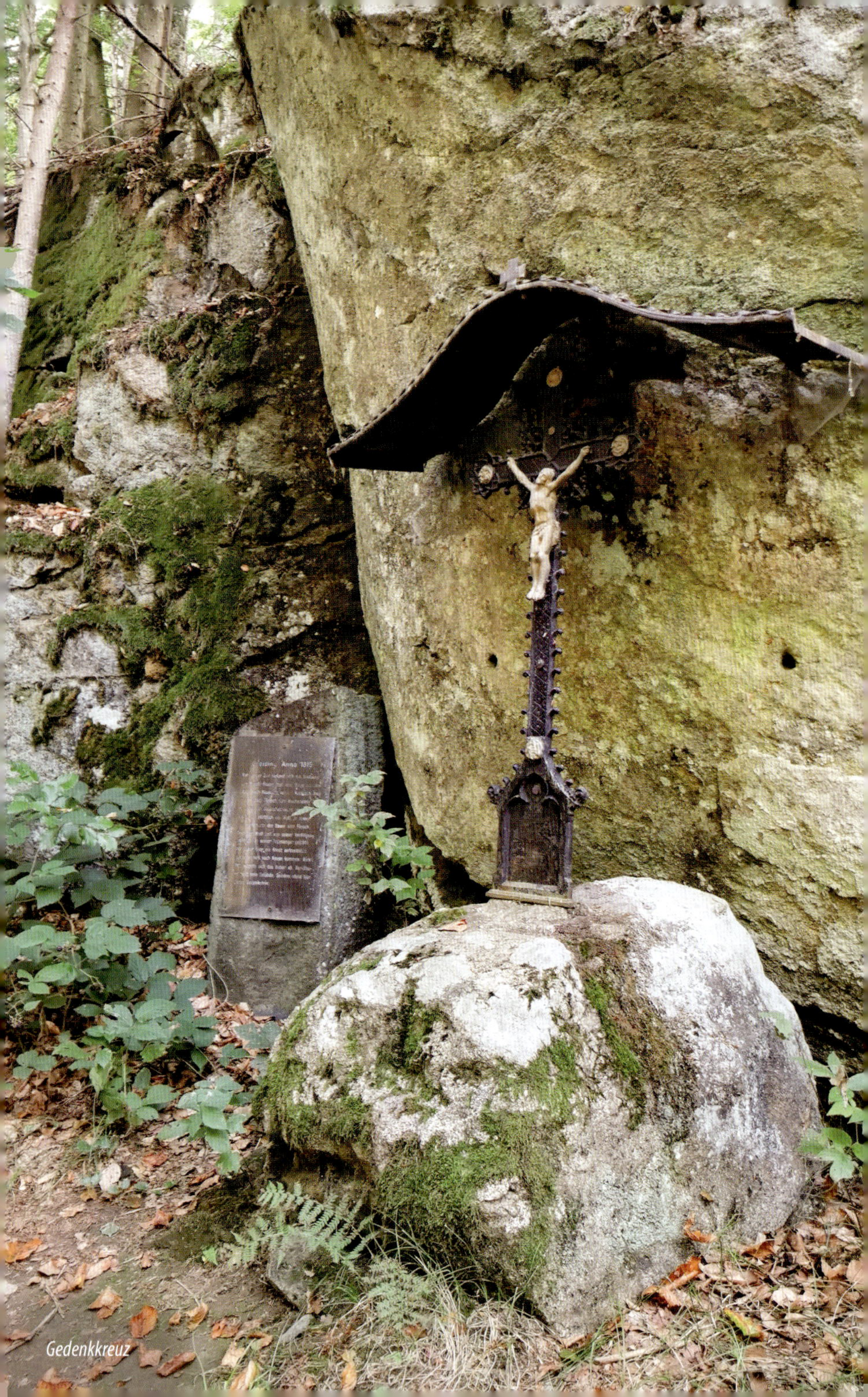

Gedenkkreuz

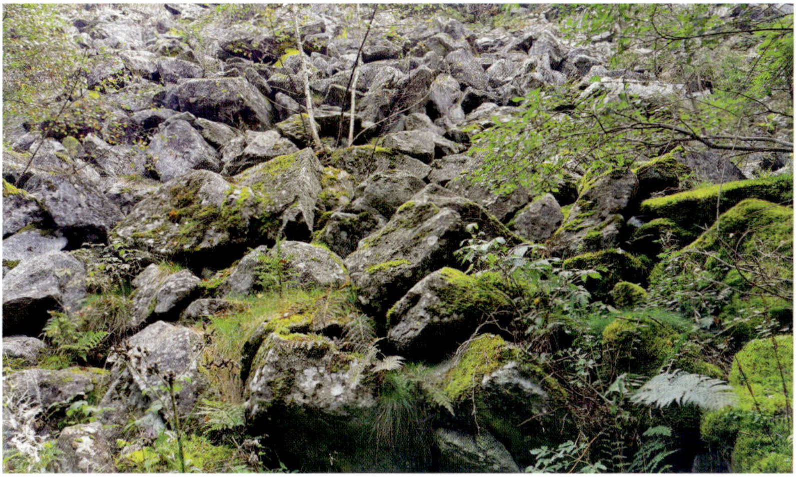

Steinmeer

Am Saulochbach entlang gehen wir wieder in den Wald auf eine gut begehbare Forststraße. Wir folgen der Markierung „Nest" für 3 Kilometer. Die großen bemoosten Steine und Steinblöcke sowie die Kletterfelsen in der Saulochschlucht sind sehr beeindruckend. Beim Gedenkkreuz/Stein 5 können wir kurz verschnaufen und die Geschichte erfahren, die sich 1815 zugetragen hatte: *Vor langer Zeit befand sich ein Vorfahre des Kreuth-Bauerns auf dem Wege von der Stadt nach Hause. In seinem Rucksack trug er ein Stück Fleisch fürs Wochenende. Als er durch die Saulochschlucht ging, verfolgte ihn ein Wolf. In seiner Not verfütterte der Bauer sein Fleisch. Doch der Wolf ließ von seiner Verfolgung nicht ab. In seiner Todesangst gelobte der Bauer an der Stelle ein Kreuz aufzustellen, sollte er heil nach Hause kommen.* Seit der Zeit erinnert der Gedenkstein an das gute Ausgehen der Geschichte.

Zum „Nest" verlassen wir die Forststraße und wechseln rechts auf den naturbelassenen, steinigen Weg. Achtung: Die Abzweigung in den Wald zum Nest ist mit einer Tafel 6 beschildert, die leicht übersehen werden kann. Begleitet von Vogelgezwitscher und Blätterrauschen können wir uns auf den Weg konzentrieren, der teilweise nass sein könnte. (Gutes Schuhwerk erforderlich.) Der Weg mündet rechts in einen verwachsenen Trampelpfad (unbedingt der Beschilderung „Nest" folgen) und kurz darauf in einen Forstweg. Bald sehen wir auf einer Lichtung die Vereinshütte „Nest", idyllisch am Waldrand gelegen.

Wir biegen bei der ersten Beschilderung rechts ab (150 Meter, rote 6) und gehen am Waldrand zum „Nest", vorbei an der Ruhebank und späteren Abzweigung für den Rückweg nach Greising. 7 Der Rückweg nach Greising auf der roten 6 führt uns durch einen herrlichen Laubwald und endet an der befahrenen Hauptstraße bei der Totenbrettanlage 8 beim „Moritz-Kupfer-Kreuz-Platz". Hier müssen wir uns rechts halten. Nach Greising Ortsmitte sind es noch 600 Meter. Kurz vor dem Ortsschild lädt eine Ruhebank mit Blick ins Donautal ein, das wunderschöne Panorama mit Ausblick auf die Erhöhung, die Kanzel, noch mal zu genießen, bevor wir zum Parkplatz 1 gelangen.

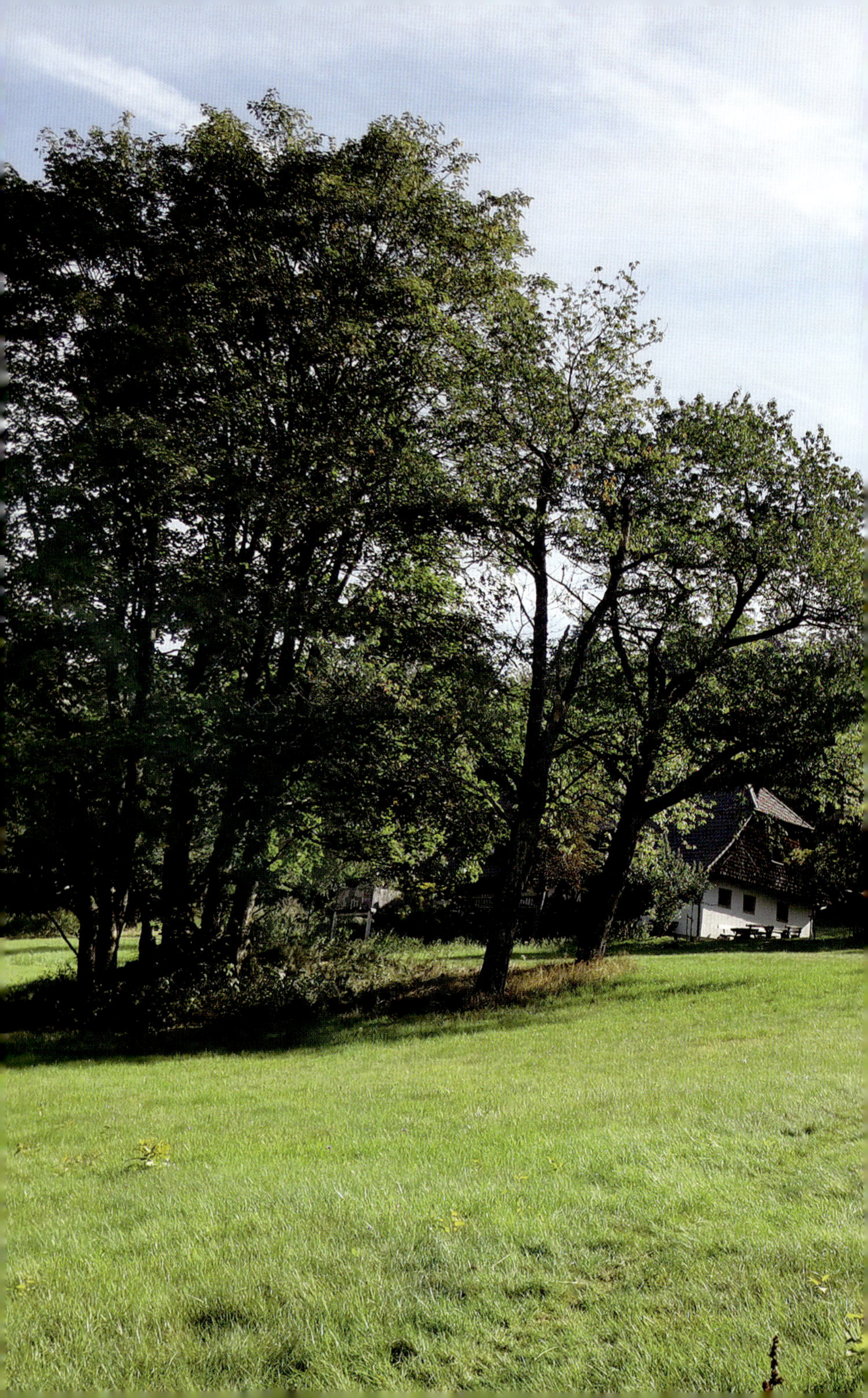

Waldvereins-Hütte „Nest“

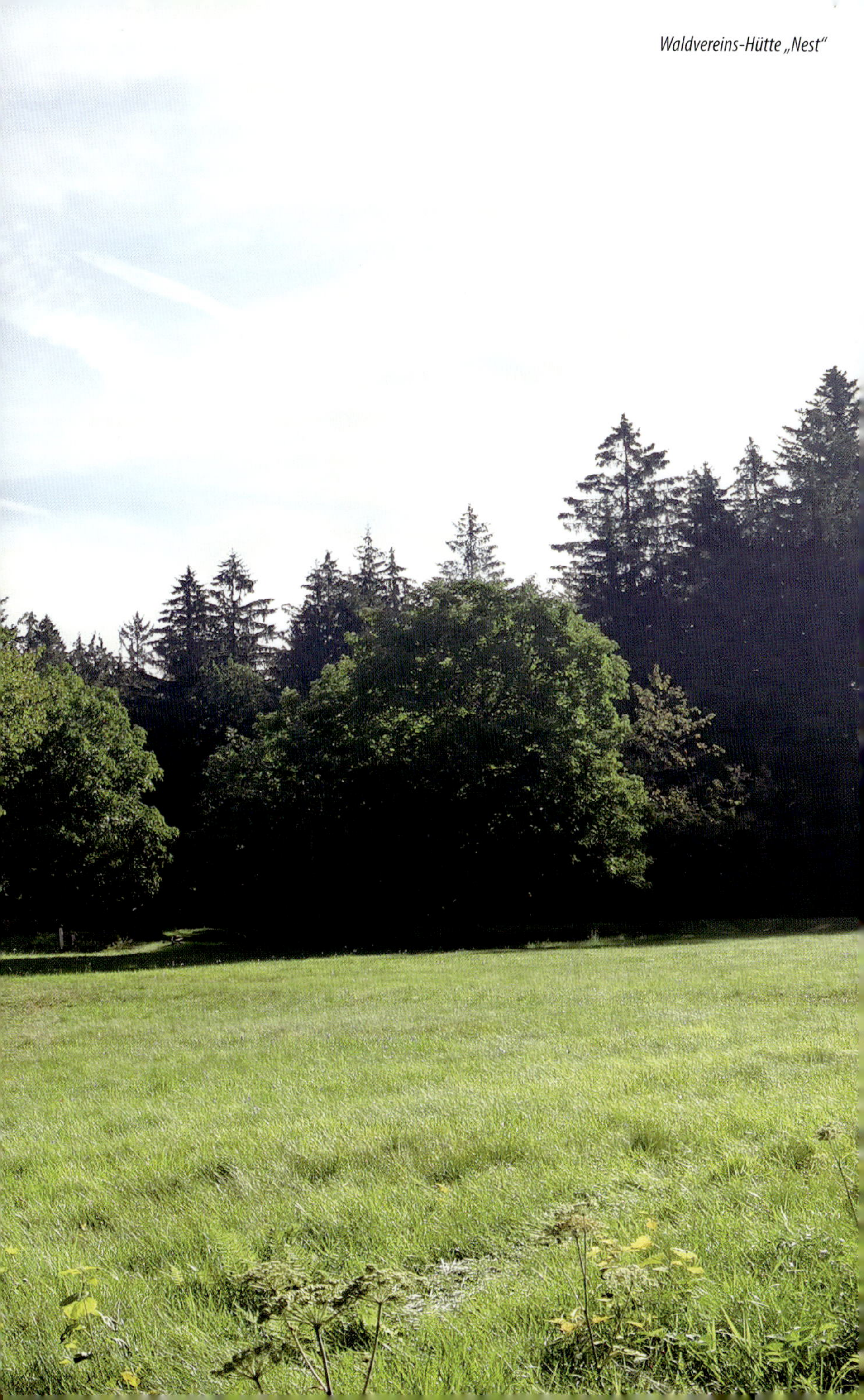

Vom Wildpark übern Amtsfleck

zum Burgsteinkreuz

TOUR 17

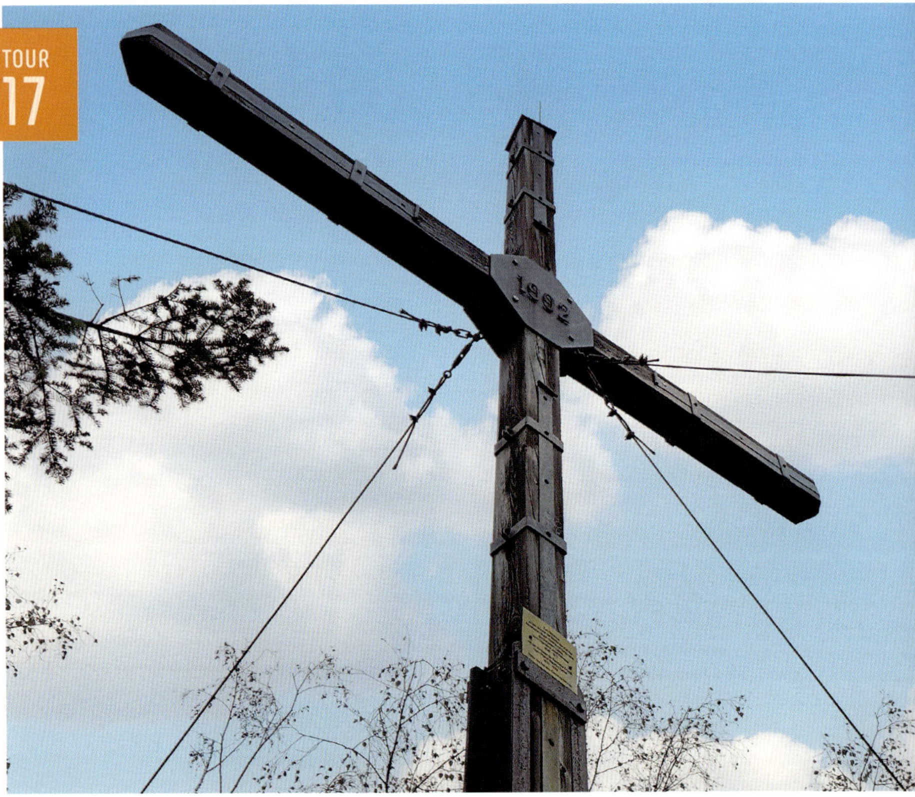

Wild-Berghof Buchet
Navi: Buchet 2, 94505 Buchet

Buchet – Direktvermarktung Kramhöller – Oberkanetsberg – Panoramastuhl – Wanderweg 1 – Amtsfleck Wegweiser – Forststraße – Burgsteinhaus – Burgsteinkreuz – Kalteck – Zellberg – Buchet

Goldsteig, rote 6, rote 1, Wildbergrundweg

Rundweg mit Abstecher zum Burgsteinhaus. Tolle Ausblicke belohnen die zum Teil anspruchsvollen An- und Abstiege. Gute Ausdauer erforderlich, GPS empfohlen. Mit Kindern kurze Variante um den Wildberghof (2 Kilometer) möglich.

Wild-Berghof Buchet mit Hofladen
Buchet 2, 94505 Buchet
Tel. 09905 248
www.wildberghof-buchet.de

Engerlgasse 25a, 94505 Bernried
(Achtung im Ortsteil Bernried)
Tel. 09905 7400-24 oder 25

 Foto: Burgsteinkreuz

schwer | 10 km | 370 Hm | 3:00 h – 4:00 h

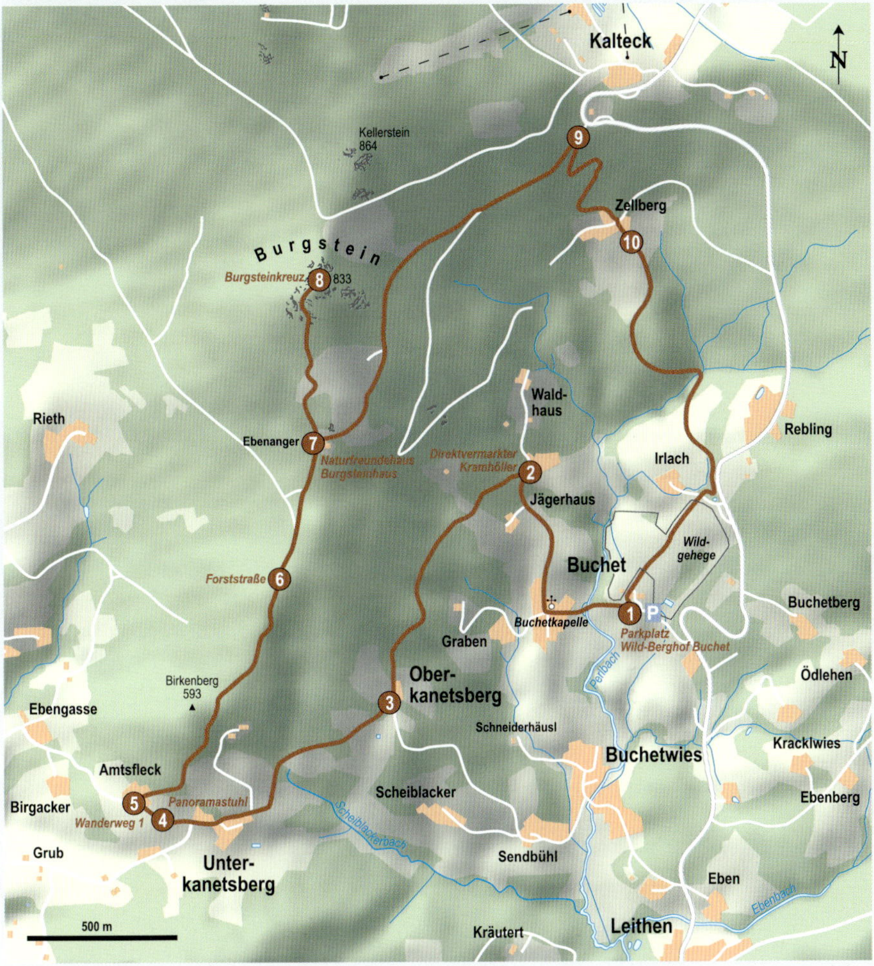

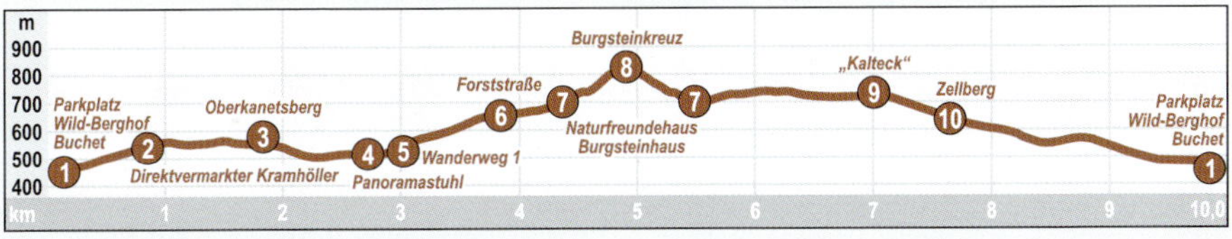

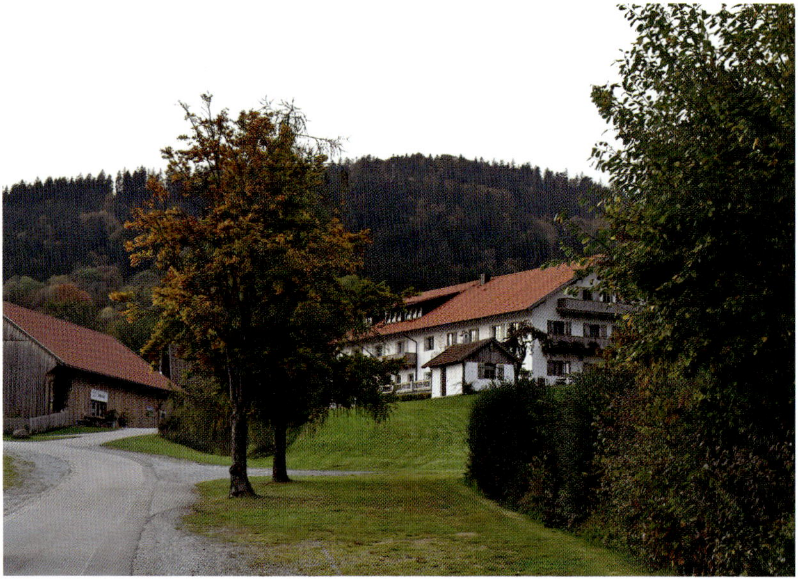

Wildberghof

Der Wildberghof „Buchet“ und die Lage sind es schon wert, die anspruchsvolle Tour zum Burgsteinkreuz zu wählen. Eine wunderbare Aussicht erwartet den Wanderer vor dem Gasthof am Parkplatz in Buchet. Wer die lange Tour nicht gehen möchte, kann mit Kindern die Wildparktour um den Wildberghof rund um das Wildgehege gehen (Länge: 2 km).

Wir starten bei den Wegweisern ❶ am Parkplatz und folgen zunächst der Beschilderung „Goldsteig“ für 500 Meter bergauf, vorbei an der wunderschönen Buchet-Kapelle. Eine Ruhebank umgeben von saftigen Wiesen lädt zum Verweilen ein. Man sieht die Pfarrkirche in Edenstetten, Schloss Egg und bei gutem Wetter die Alpen. Links blickt man zum Vogelsang (Tour 9). Der Panoramablick ins Perlbach- und Donautal entschädigt den asphaltierten Aufstieg bis zur Abzweigung in den Wald bei der Direktvermarktung Kramhöller. ❷ Achtung: Wir biegen links auf den unmarkierten Forstweg in den Wald ab, wieder mit zauberhaftem Ausblick. Da es sich von hier bis nach Oberkanetsberg um einen wilden, naturbelassenen Weg handelt, ist gutes Schuhwerk erforderlich. Nach knapp 1,5 Kilometern mit schönen Ausblicken durch die Bäume erreichen wir das Anwesen in Oberkanetsberg ❸ (siehe auch Tour 4) mit alter Streuobstwiese und Blick auf den Vogelsang und das Perlbachtal.
Nun marschieren wir am Anwesen vorbei und stoßen auf die Markierung „rote 6“.
Eine Pause an der Rastbank mit Blick ins Donautal ist ein Muss, bevor wir leicht bergab durch den Wald zum nächsten Aussichtspunkt, dem „Stuhl“ ❹ am Amtsfleck, weitergehen. Diesen erreichen wir nach Ende des Waldes, nachdem wir auf die asphaltierte Dorfstraße, der roten 6

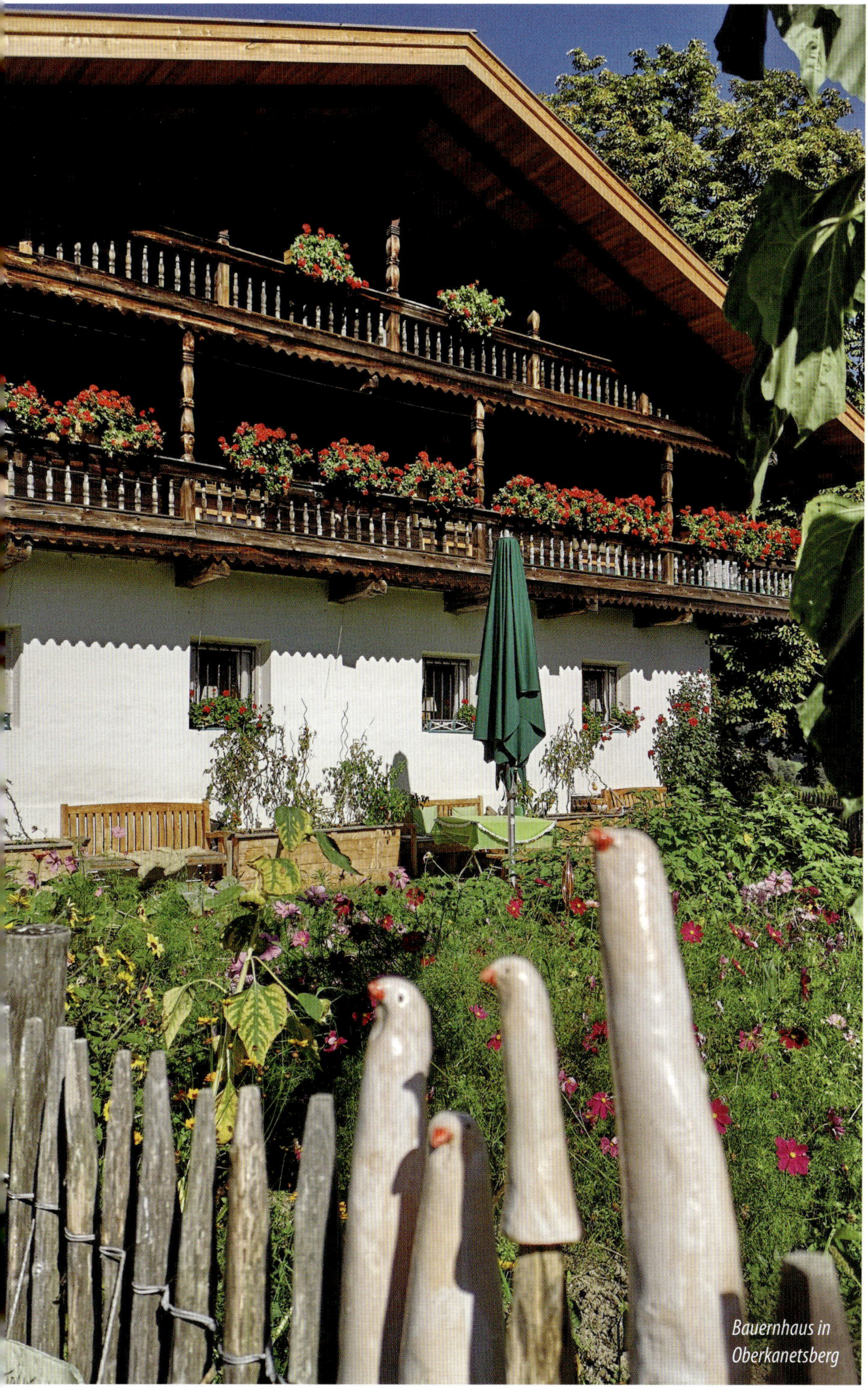

Bauernhaus in Oberkanetsberg

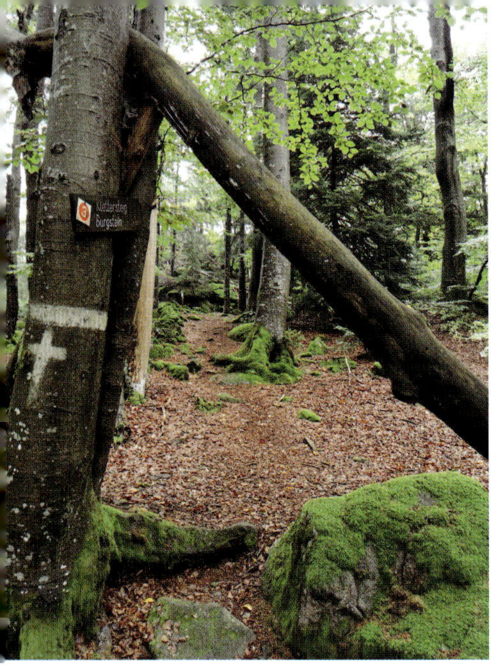

Klettersteig Burgstein

folgend, nach rechts abbiegen. Auch hier genießen wir die Aussicht und ein beliebtes Fotomotiv. Nach wenigen Metern sehen wir am Stadl beim landwirtschaftlichen Betrieb 5 am Amtsfleck die Markierungen und folgen der roten 1. Das Gedenkkreuz, links im Wald kurz nach der Markierung wurde anlässlich eines gut ausgegangenen landwirtschaftlichen Unglücks aufgestellt. Jährlich findet hier eine Waldandacht statt. Wir folgen der Markierung, etwa einen Kilometer steil bergauf. Mit Blick ins Gäubodental durch das abgeholzte Waldstück werden wir für den Anstieg belohnt. Kurz darauf kommen wir zur Weggabelung mit verschiedenen Anschlusswanderungen und biegen links auf die Forststraße 6 in Richtung „Ebenanger „(rote 1) ab. Zum Burgsteinhaus ist es nicht mehr weit. Wir können der Beschilderung Ebenanger geradeaus folgen, oder aber wir gehen den nicht (mehr) markierten Weg, den schmal abzweigenden Waldweg nach rechts. Nach ein paar Schritten kann man bereits durch die Bäume das Burgsteinhaus 7 sehen. (Das Burgsteinhaus wird renoviert und war zum Zeitpunkt der Erstellung des Wanderführers noch nicht fertiggestellt.) An der Marienstatue vorbei zeigt der Wegweiser (rote 3) links zum Burgsteinkreuz. 8 Wer will, kann den anspruchsvollen Aufstieg auf naturbelassenem und mit vielen Steinen gesäumtem Weg von hier aus starten. Der Aufstieg ist zwar nur 1 km lang, erfordert jedoch Kondition und ist auch im Winter sehr schön. Auf dem Forstweg führt unser Rundweg für 1,5 km (rote 1) bis kurz vor die Hauptstraße nach Kalteck. 9 Scharf rechts nehmen wir den schmalen Waldweg/die Hohlgasse und die Markierung nach Zellberg (rote 6). Der unscheinbare Weg macht kurz darauf eine Linksbiegung. Wir orientieren uns bergab, bis wir durch die Bäume die einzelnen Häuser von Zellberg sehen, und biegen dann auf die asphaltierte Straße links ab und gehen bis zum letzten Haus in Zellberg. 10 Der schmale Wiesenweg führt durch die letzten beiden Häuser hindurch mit tollem Fernblick zum Waldweg, einer zunächst wurzeligen, aber auch steinigen, immer wieder verwachsenen Hohlgasse – eine wunderschöne wilde Natur. Wir bleiben auf dem Weg und kommen zu einem Bachlauf, dem Zufluss zum Perlbach. Es wird ein bisschen rutschig und nass. Daraufhin erreichen wir das Waldende, halten uns leicht rechts und durchqueren ein Stück Wiese. Um nicht auf der stark befahrenen Kalteckerstraße gehen zu müssen, nehmen wir den Weg am Waldrand (entlang der Hauptstraße), vorbei an einer Rastbank und einem kleinen Weiher. Wir überqueren die Einfahrtstraße und gehen auf dem Weg neben der Kalteckerstraße für rund 150 Meter weiter, bis wir das letzte Stück durch den Wald erreichen, das uns auf dem „Wildrundweg" zurück zum Parkplatz 1 führt. Auf der Sonnenterrasse des Wildberghofes haben wir uns eine Brotzeit verdient.

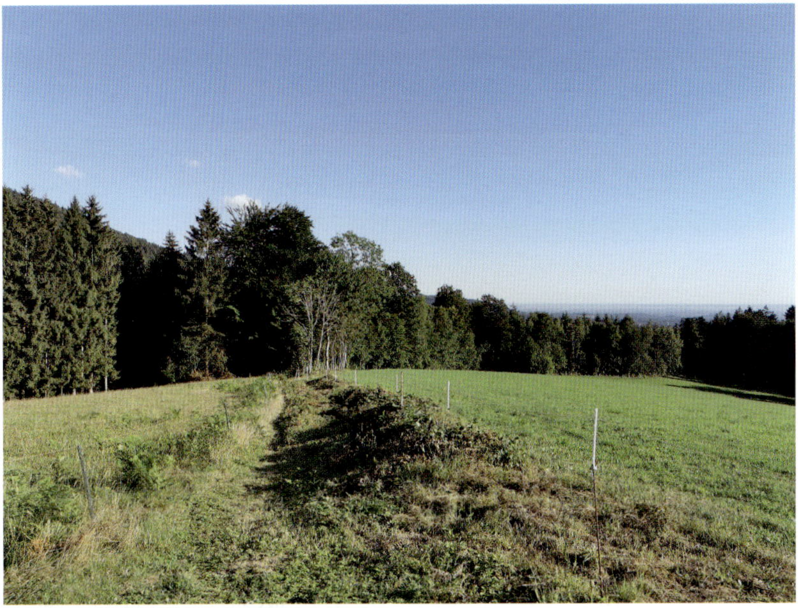

Wiesenweg nach Zellberg

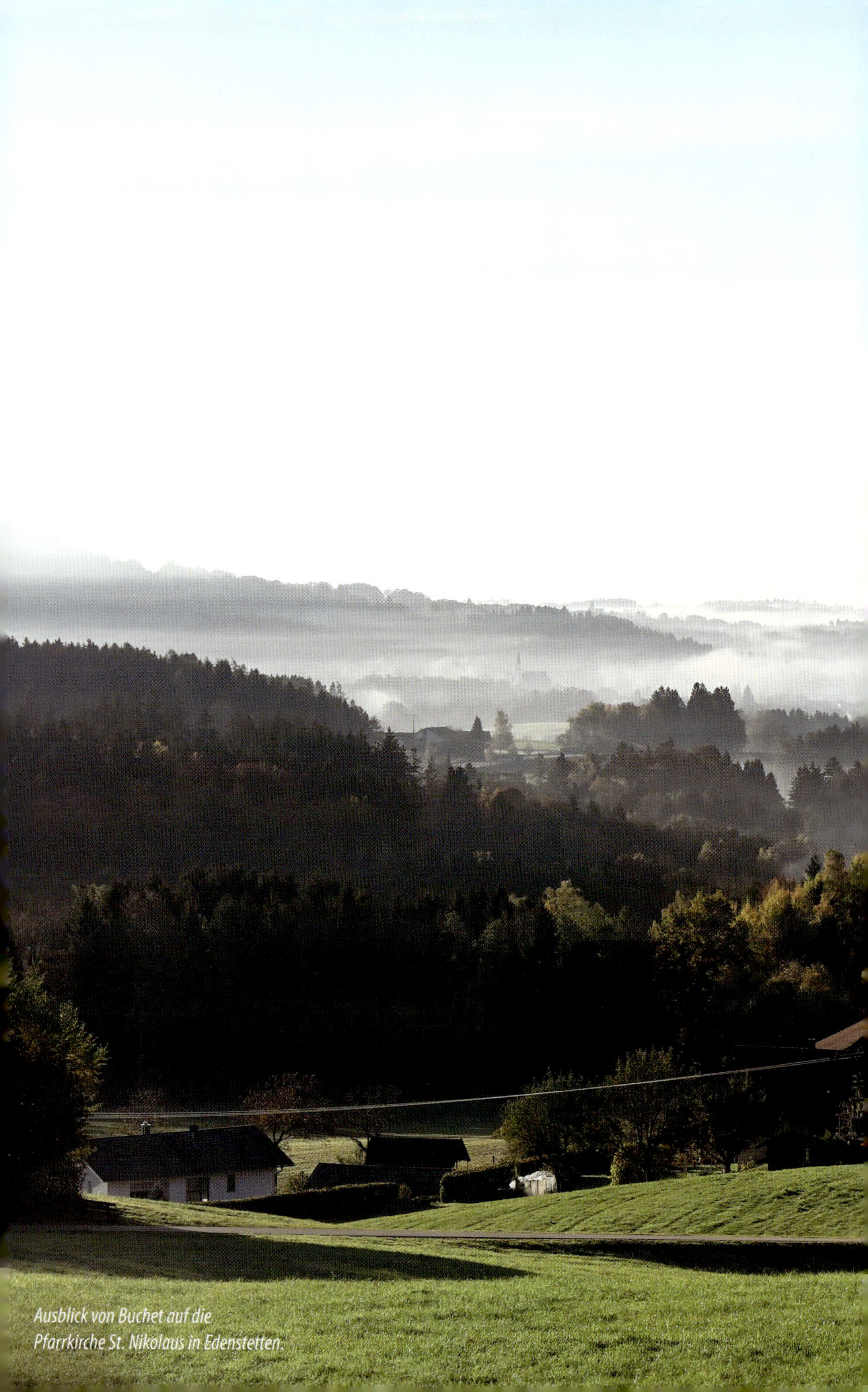

Ausblick von Buchet auf die
Pfarrkirche St. Nikolaus in Edenstetten.

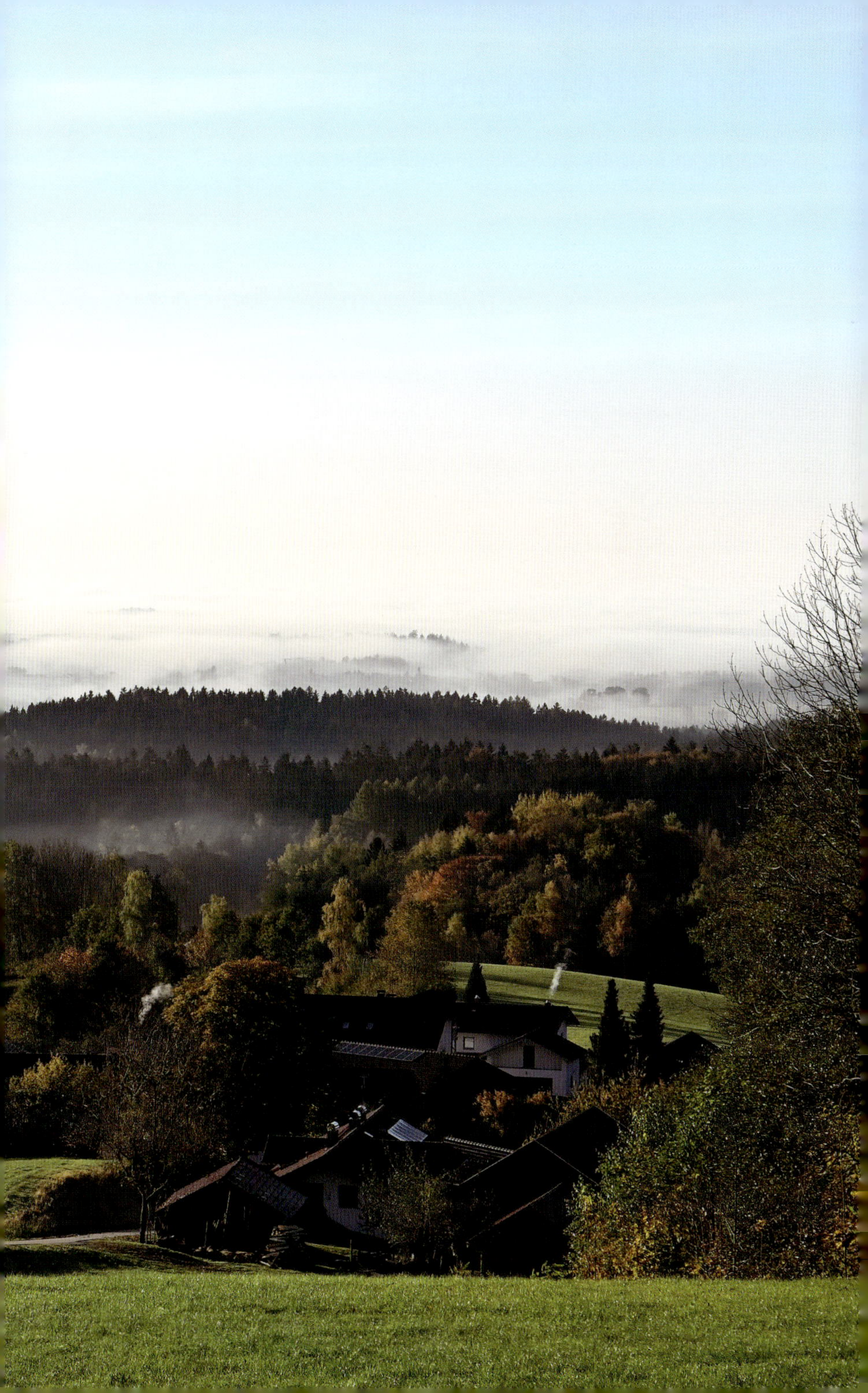

Zum Hirschenstein

entlang am romantischen Mühlgrabenweg, vorbei an der Ödwies

TOUR 18

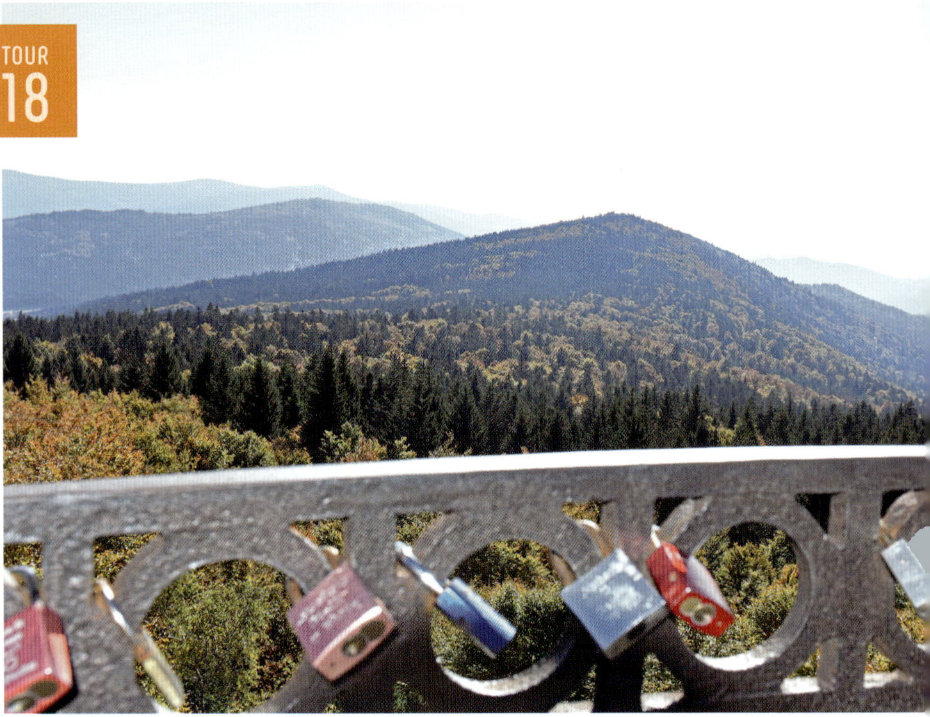

Start/Ziel: Bei der offenen Schranke kurz vor dem „Platzl" am Waldrand (Parken ist erlaubt). Navi: Siehe Anfang Routenbeschreibung; am besten GPS zur Anfahrt nutzen

Schranke – Beschilderung „Am Platzl" zum Hirschenstein– Ödwiese – Mühlgrabenweg – Wanderweg rote 4 – Hirschenstein – Stempelstelle – Ödwiese– Infotafel – Schranke

Rote 4, rote 8, Mühlgrabenweg (blaue Welle), Goldsteig

Eine idyllische Ziel- und Rundtour entlang eines Teilstücks vom Mühlgraben, durch einen Bergmischwald; beeindruckende Ahornbäume auf der Ödwiese.
Reizvoller Mix aus Forstwegen, wurzeligen Waldwegen und schönen Pfaden.
Schöne Aussicht am Hirschenstein.

Keine Einkehrmöglichkeit während der Tour.

Achslach, Dorfplatz 4, 94250 Achslach,
Tel. 09929 902013

 Foto: Blick zum Rauhen Kulm

mittel | 7,5 km | 250 Hm | 2:30 h

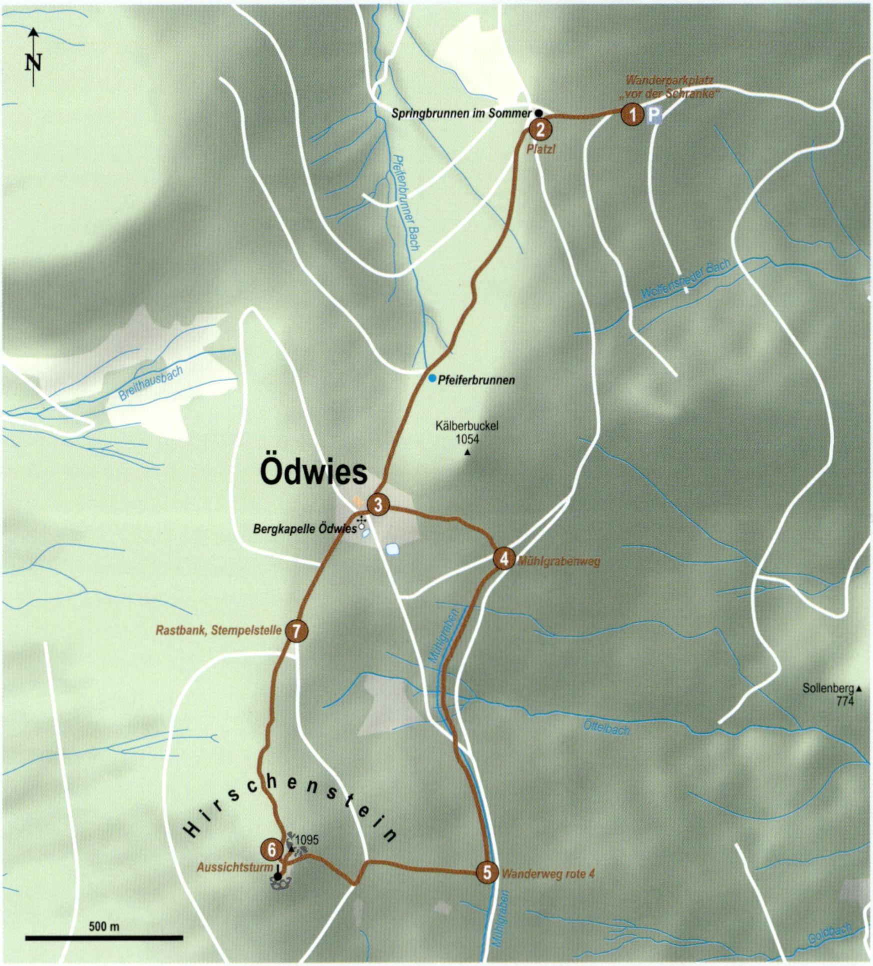

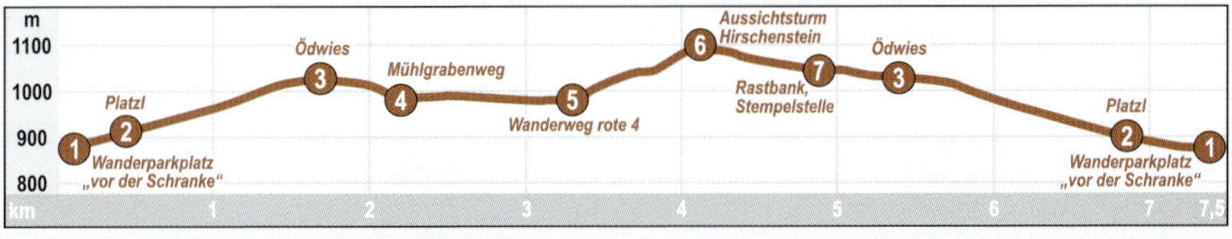

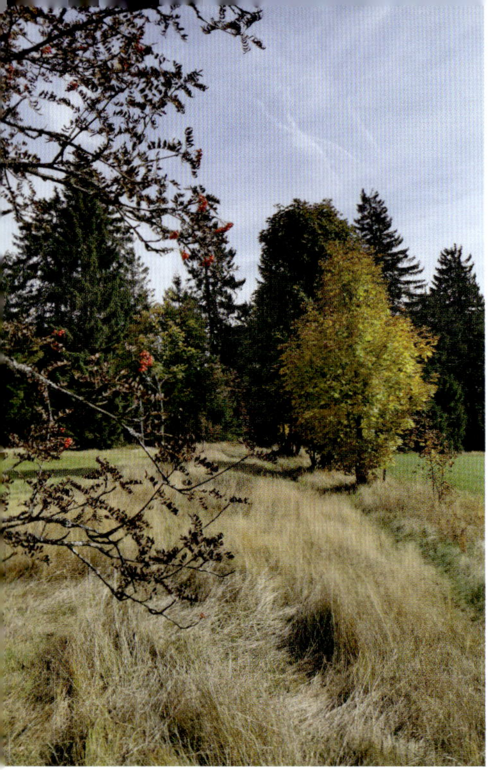

Ödwies

Zum Hausberg der Region Hirschenstein führen viele Wege. Mein Lieblingsweg ist der etwas versteckte, romantische Weg ab Oed über die Ödwiese rauf zum 1.095 m hohen Berg mit Aussichtsturm. Dazu parken wir nicht am Wanderparkplatz am Kalteck, sondern fahren ab Kalteck für 5 Kilometer bis zum gelben, fast unscheinbaren Ortsschild „Oed". Hier biegen wir links ab und fahren ca. 2 km auf zuerst befestigter, danach Waldstraße durch den Wald, bis wir eine offene Schranke ❶ kurz vor dem kleinen Wanderparkplatz Am „Platzl" sehen. (Achtung: Es gibt hier nicht viele Parkmöglichkeiten vor der Schranke.) Alternativ kann man den stetig ansteigenden Weg auch ab dem Ortsschild Oed zu Fuß gehen.

Am „Platzl" ❷ verzweigen sich mehrere Wandertouren in alle Richtungen. Wir folgen dem Forstweg der roten 4 nach Ödwies und kommen sogleich an der Baummarkierung „Pfeiferbrunnen" vorbei. Kurz darauf sehen wir den 1990 errichteten Pfeiferbrunnen, und bei heißen Temperaturen ist das kalte Quellwasser ein Genuss. Der Forstweg zur Ödwies steigt leicht an, ist aber zu jeder Jahreszeit gut begehbar. Die Ödwies ❸ mit altem Forsthaus, Ahorn-Allee und Kapelle liegt idyllisch am Hauptwanderweg zum Hirschenstein und am Goldsteig und ist komplett von Wald umgeben. Ab der Ödwies wären es noch knapp 2 Kilometer bis zum Hirschenstein.

Unser Weg zweigt hier allerdings links ab (Markierung „Mühlgrabenweg blaue Welle", Berggasthof Menauer), und wir wandern am Mühlgrabenweg entlang. Der schmale Wiesenweg mündet in einen wurzeligen Waldweg, und anhand von aufgestellten Infotafeln im Wald können wir uns über den Bergmischwald mit Klimawandel informieren. Immer wieder entspringen kleine Quellen, die in den Mühlgraben

Info zur Ödwies (auch „Oedwies")

Im Jahr 1559 wurden ca. 60 Tagwerk gerodet, die jedoch bald nur mehr als Grasland genutzt wurden. Ein staatliches Forsthaus, das später auch eine kleine Gastwirtschaft betrieb, ersetzte Mitte des 19. Jahrhunderts das bäuerliche Anwesen. Um 1950 wurde die Ödwies verlassen. Die Bundeswehr hat dort ihren Freizeitraum eingerichtet. Die Wiesenflächen werden im Vertragsnaturschutzprogramm bewirtschaftet. Ein Wanderweg verbindet diese völlig vom Wald umschlossene Einöde.

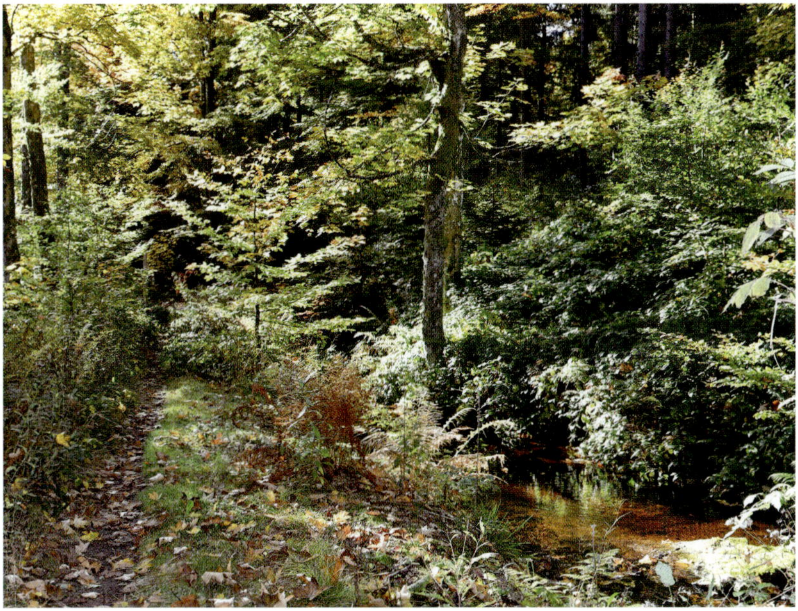

Mühlgrabenweg (Info zum Mühlgrabenweg siehe Tour 11)

münden, auf den wir kurz darauf stoßen, indem wir der Mühlgraben- und Schurfleckbeschilderung folgen, die uns nach rechts abzweigen lässt. Dieser Abschnitt unmittelbar entlang des Mühlgrabens ❹ ist besonders schön und reizvoll (alternativ können wir auch auf der parallelen Forststraße gehen). Eine abwechslungsreiche Fauna führt uns durch den Wald. Bei der nächsten Abzweigung nach rechts halten wir uns an die Beschilderung „Hirschenstein rote 4" ❺, da wir den wurzeligen Aufstieg wählen und nicht über den Schuhfleck zum Aussichtspunkt gehen. Wir müssen kurz darauf die Forststraße überqueren und sehen am Baum zudem auch immer wieder die Goldsteigmarkierung. Eine Rastbank lädt zum Verweilen ein, bevor der kurze steile Anstieg beginnt. Vorbei an gewaltigen Steinbrocken und Felsen erreichen wir nach 200 Metern den Gipfel des Hirschensteins ❻ und das einzigartige Gipfelplateau mit Aussicht bis in die Alpen (bei guter Fernsicht) sowie eine Schutzhütte.

Um zurück zur Ödwies zu gelangen, gehen wir an der Schutzhütte vorbei in den Wald und folgen am besten der Goldsteigmarkierung bzw. kurz der roten 8. Wir können an der Stempelstelle ❼ einen Wanderstempel eintragen und kommen nach knapp 1,5 Kilometern auf herrlichem Waldweg an einem Gefallenengedenkstein vorbei und sehen das Forsthaus/Ödwiese ❸ bereits vor uns. Ab hier auf bekanntem Weg, vorbei am Platzl ❷ bis zur Schranke ❶.

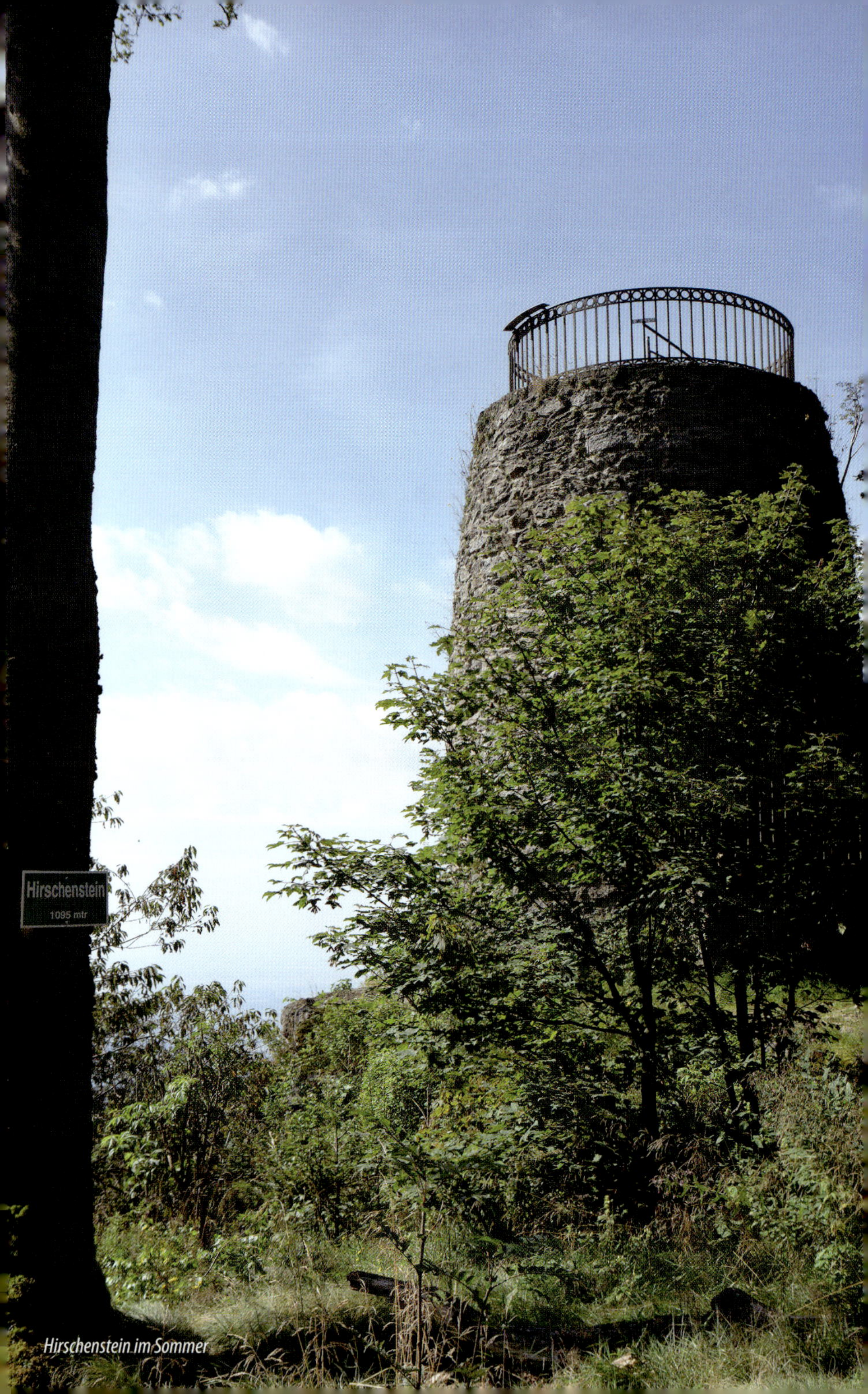

Hirschenstein im Sommer

Info zum Hirschenstein

Warum wurde der Hirschenstein-Turm 1921 neu gebaut? Um die Entstehung des Hirschensteiner Turms nachvollziehen zu können, muss man zum Anfang des 19. Jahrhunderts zurückgehen. Der Hirschenstein war schon immer ein beliebtes Wanderziel und damals auch für die frühe Landvermessung ein wichtiger Orientierungspunkt. Somit stand bereits in der 1. Hälfte des 19. Jahrhunderts ein trigonometrisches Holzsignal mit einer Aussichtsplattform auf dem Hirschenstein. Wind und Wetter konnte die gebaute Holzkonstruktion nur eine begrenzte Zeit standhalten und musste mehrmals erneuert werden, sodass letztendlich der Beschluss gefasst wurde, einen Steinturm anstatt einer Holzkonstruktion zu errichten. 1872 wurde mit den Bauarbeiten des steinernen Turmes begonnen. 30 Jahre hielt das Bauwerk, das mehrmals aufgestockt wurde, allen Naturgewalten stand. 1919 brach der Turm, der bereits wegen Baufälligkeit für den Zugang gesperrt war, zusammen. Die Überreste dieser alten Aussichtswarte, die sich gut 100 Meter zurückgezogen vom heutigen Hirschenstein-Turm befand, kann man noch heute gut erkennen. Somit begann die Geschichte und der Bau des heutigen, neuen Aussichtsturmes am Hirschenstein, welcher seit Mai 1971 von der Sektion Bernried e.V. (Bayerischer Wald-Verein) betreut wird. In den weiteren Jahren konnte der Verein durch verschiedene Zuschüsse und Spenden immer wieder die anfallenden Reparaturen am Turm mit enormem Arbeitseinsatz und -aufwand bewältigen. Eine der Hauptaufgaben der Wald-Verein-Sektion Bernried ist die Erhaltung des Hirschenstein-Turmes.

Forstweg zum Auf- und Abstieg Hirschenstein

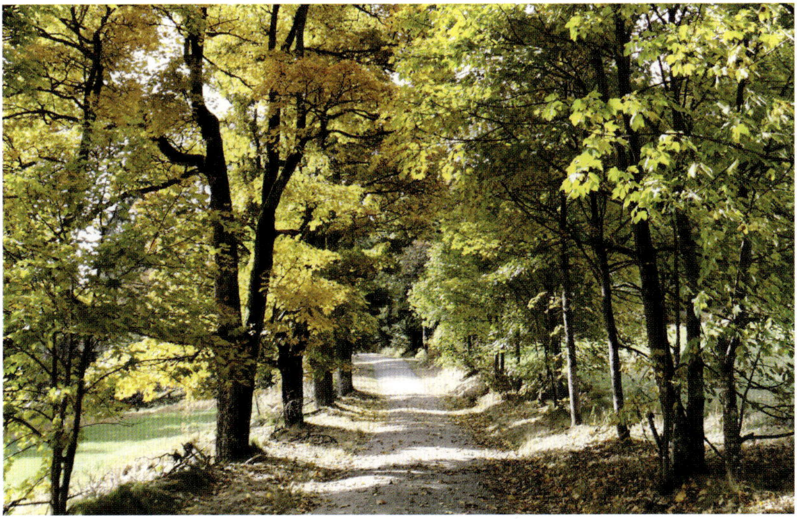

Besinnlicher Spaziergang

auf dem „Antoniuspfahl“ zum Großen Pfahl

TOUR 19

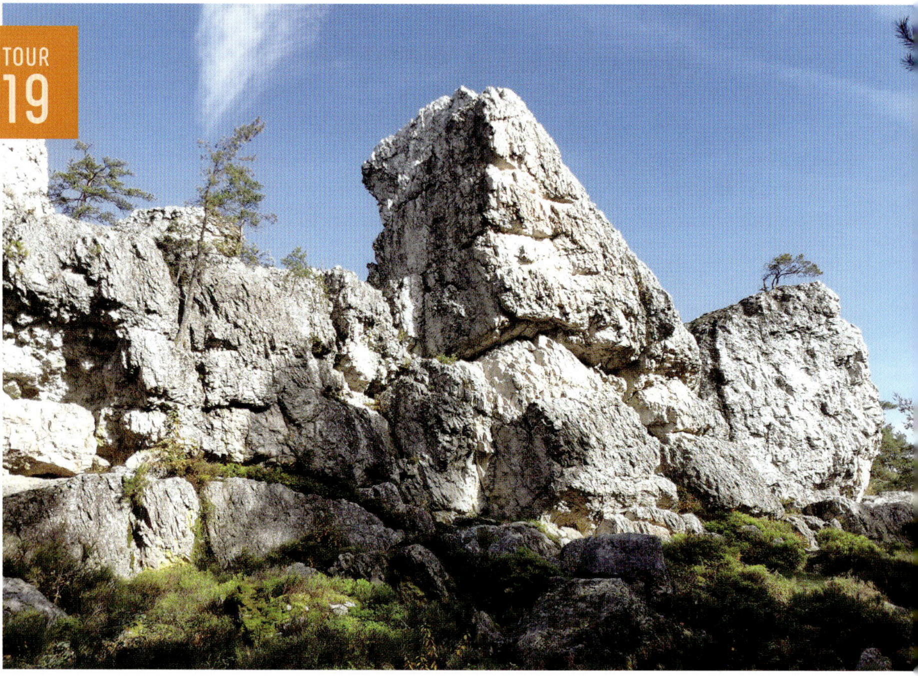

Wanderparkplatz an der Bundesstraße B85 bei Schlatzendorf, Doktor-Winterling-Straße (wenig Parkplätze vorhanden); alternativ die Tour in umgekehrter Richtung gehen und am Großen-Pfahl-Parkplatz direkt an der B85 parken.

Parkplatz an der Bundesstraße Schlatzendorf, Doktor-Winterling-Straße, Viechtach – St.-Antonius-Kapelle – Bankerl – Stufen – Parkplatz B85 Großer Pfahl – Pfahlrundweg – Stufen – Bankerl Parkplatz St.-Antonius-Kapelle – Parkbucht/Parkplatz an der Bundesstraße Schlatzendorf – Parkplatz – Parkplatz Ausgangspunkt

Rote 5, rote 3, rote 10, Pandurensteig (Krummsäbel; erinnert an die Panduren, die 1742 in Bayern einfielen); „Pfahl Rundweg“, rote 9 und 4, je nach Länge

Die Strecke verläuft zwar unmittelbar an der stark befahrenen B85, jedoch versetzt, erhöht und von Wald und Bäumen abgeschottet, sodass man die Autos und den Verkehr während des Wanderns überhaupt nicht sieht und nur mäßig hört.

Keine Einkehrmöglichkeit während der Tour; verschiedene Lokale in Viechtach.

Viechtach, Stadtplatz 1, 94234 Viechtach
Tel. 09942 1661, tourist-info@viechtach.de, www.viechtach.de

 Foto: Großer Pfahl

leicht | 7 km | 120 Hm | 2:00 h

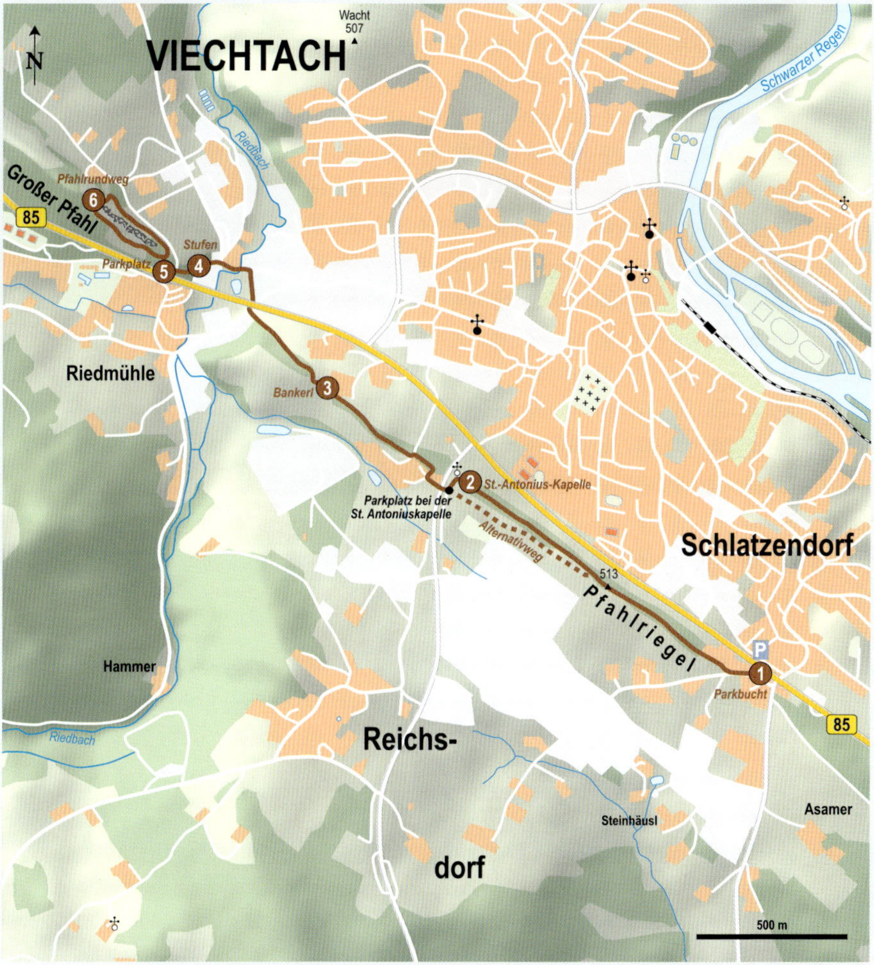

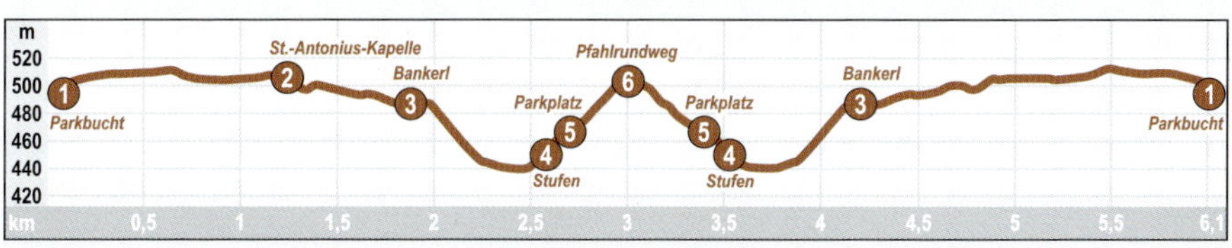

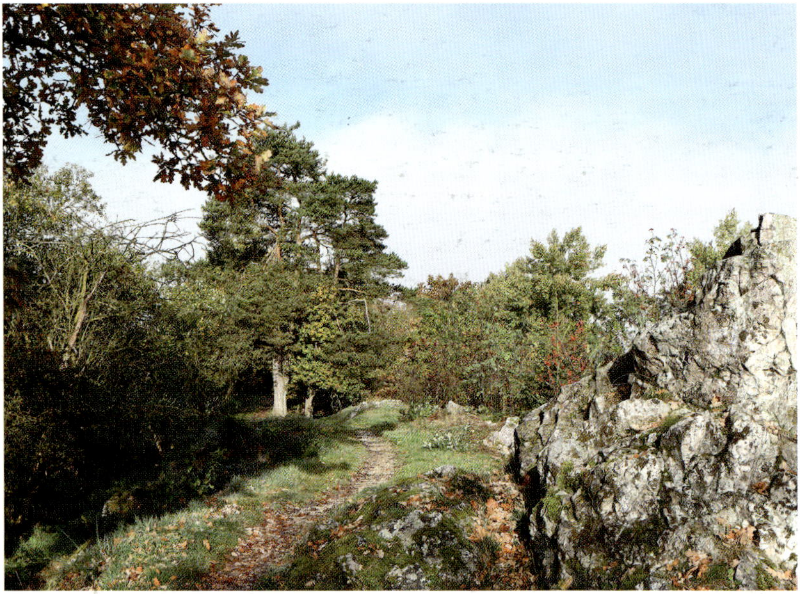

Wunderschöner Waldweg mit Felsen

Wir starten in der Parkbucht bzw. an der Wandertafel 1 und folgen der Beschilderung der roten 5 „kleiner Pfahl". Nach wenigen Schritten, vorbei an ein paar Häusern, kommen wir leicht rechts zum beschilderten Wanderweg. Von hier aus gehen wir insgesamt 2 km bis zur St.-Antonius-Kapelle 2. Mit Kinderwagen kann man den gut befestigten Weg wählen und hat dabei auch die Möglichkeit, immer wieder in das Waldstück zu den Riegelüberresten zu gehen. Romantischer ist es, den wenige Meter parallel verlaufenden Trampelpfad im Wald und entlang des „Antoniuspfahls" zu gehen. Zudem lädt der Kreuzweg mit wunderschönen Stationen und Totenbrettanlage zum Besinnen ein, und die zum Teil wuchtigen Steinfelsen beeindrucken. Am Ende des Wanderweges erwartet uns eine mächtige Kreuzgruppe mit drei imposanten Kalvarienbergkreuzen sowie die Kapelle St. Anton. Ein paar Treppenstufen unterhalb der Kapelle, unter dem Felsen, steht eine aufgebahrte Jesusfigur in einer sehr schönen Gruft. Wer mag, kann die Tour fortsetzen und muss nun am Parkplatz bei der Kapelle (Kollnburger Straße 20, 94234 Viechtach) die Straße nach St. Englmar geradeaus überqueren. Dies ist nicht ganz ungefährlich. Die Beschilderung an der Straße ist gut zu sehen. Wir sind nun auf einem Teilstück des Pandurenwegs (roter Säbel) und können uns an dieser Markierung oder am grünen Pfeil orientieren. Vorbei an einem Wohngebiet macht die Straße nach 400 Metern eine Rechtskurve, und unmittelbar danach mündet unser Weg in ein herrliches Waldstück. 3 Wir können am Ende auf einem Bankerl den Blick auf

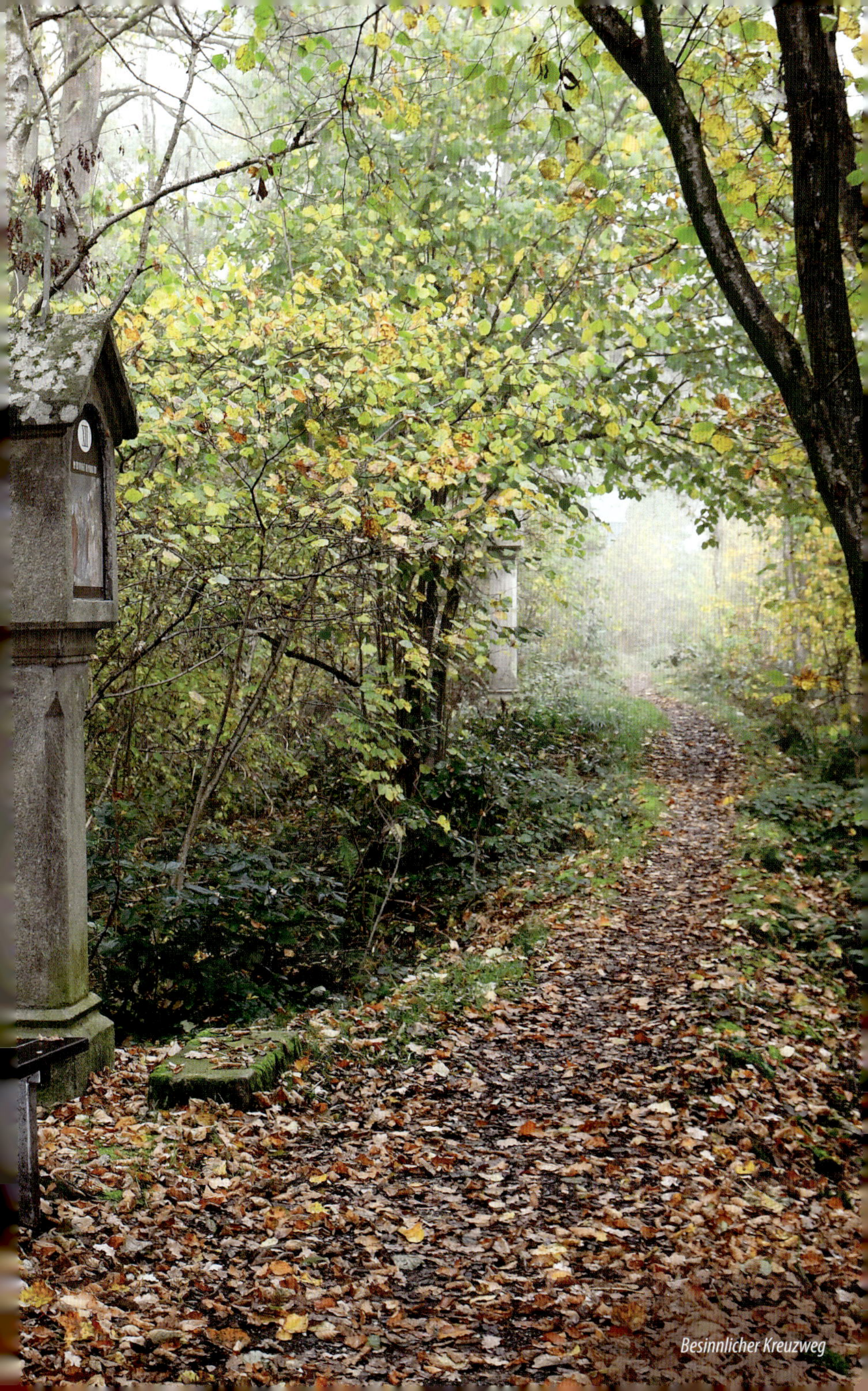

Besinnlicher Kreuzweg

Info zum Pfahl

Der Pfahl ist ein mit Quarz und Schiefer gefüllter Riss im Gebirgsgrund des Bayerischen Waldes und verläuft 150 km durch den gesamten Bayerischen Wald, allerdings meist im Boden. Beeindruckend tritt der Pfahl in Viechtach „oberirdisch" in Erscheinung in Form von weißen Quarzfelsen und Brocken. Ausstellungen und Wissenswertes dazu kann man im Alten Rathaus in Viechtach erfahren.

die Wacht und die Stadt Viechtach genießen und sodann unseren Weg fortsetzen, der uns bergab zur Hauptstraße führt. Hier muss man aufpassen. Wir orientieren uns Richtung Riedbachbrücke nach rechts und folgen den Markierungen „rote 3", „rote 10" und „grüner Pfeil" durch das Industriegebiet für ca. 400 Meter, entlang der Schmidstraße, dann biegen wir in die Galgenhöhe ab und sehen kurz vor der Riedbachbrücke 4 die Stufen, die uns zum Parkplatz am Großen Pfahl führen. 5

Hier beschränken wir uns auf den kleinen Rundweg 6 und genießen die gut ausgeschilderte Rundtour mit 1 km und den Steinbruch-Lehrpfad am Viechtacher Pfahl. Der Rückweg entspricht dem Hinweg. Man kann auch den Beschilderungen zur Stadtmitte folgen. Der Weg zum Ausgangspunkt 1 ist nicht schwierig.

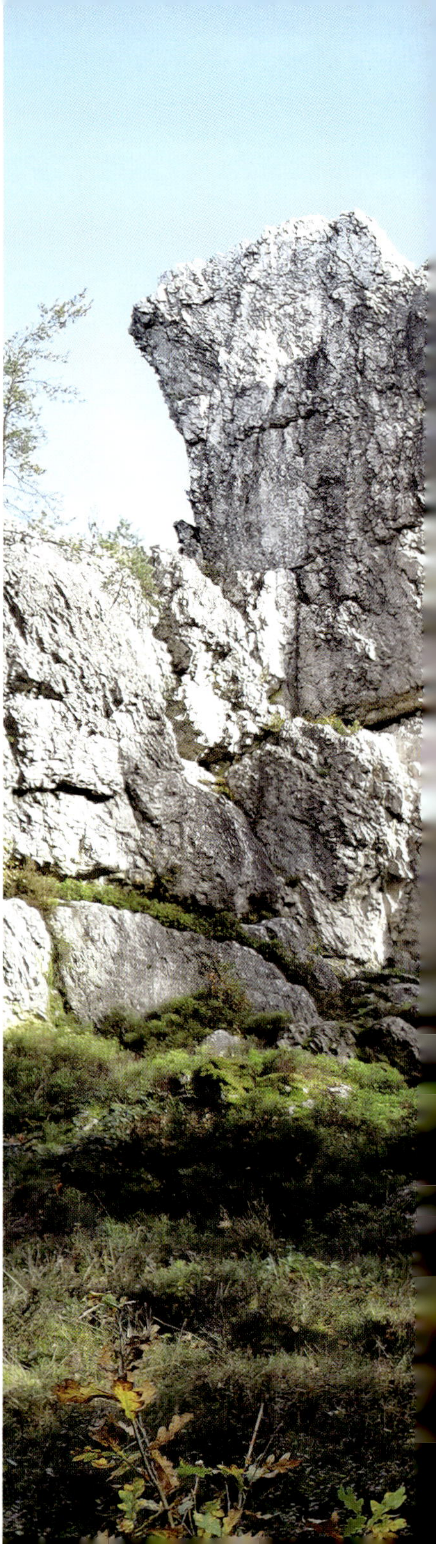

Der Große Pfahl

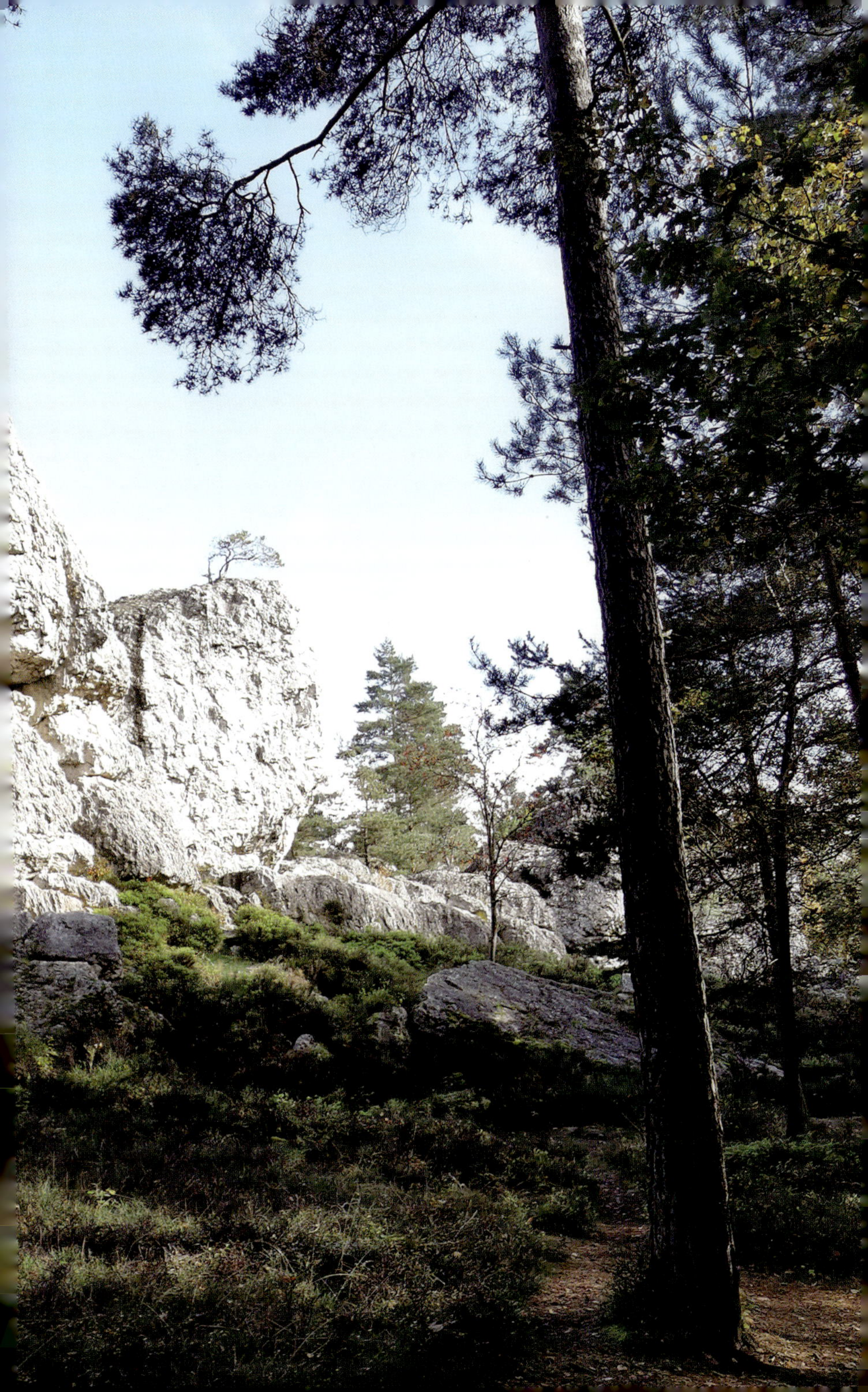

Pilgerweg von Metten

zur Waldschlucht über Uttobrunn

TOUR 20

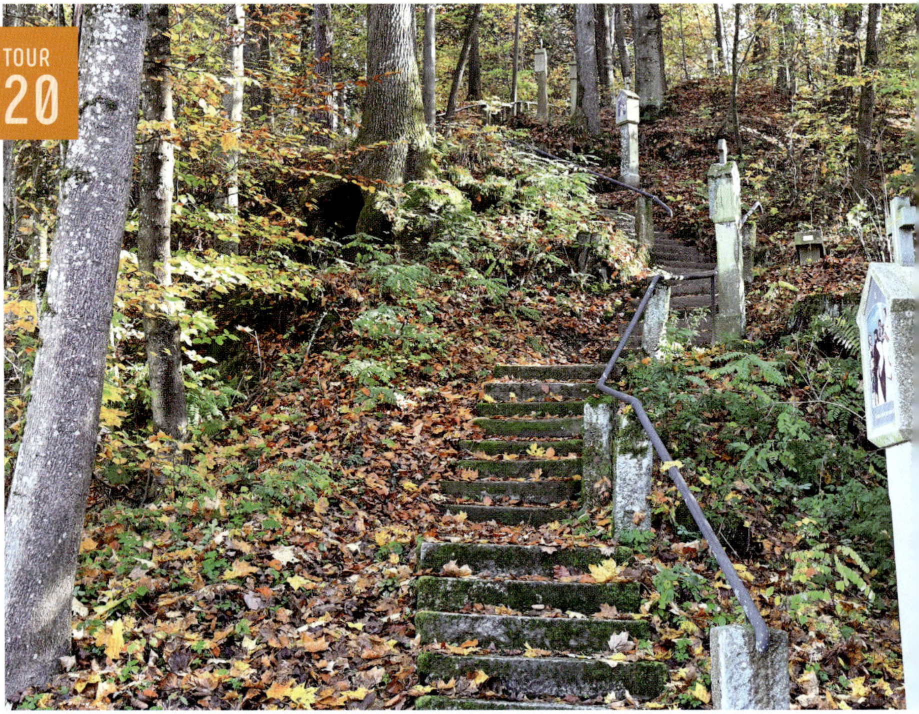

Start/Ziel: Öffentliche Parkplätze am Marktplatz in Metten
Navi: Abteistraße 3, 94526 Metten

Metten Marktplatz oder 1a Klosterparkplatz– Knödelstiege – Abzweigung nach Uttobrunn/VIA NOVA – Uttokirche – Marterl Seher-Kinder – Waldschlucht – Hauptstraße – VIA NOVA – Knödelstiege – Parkplatz Metten – Ausgangspunkt

VIA NOVA Europäischer Pilgerweg, Grünes Schild „Uttobrunn", rote 10

Ein herrlicher, gemütlicher und ruhiger Pilger-Rundweg mit nur wenigen asphaltierten Wegen (außer man entscheidet sich beim Rückweg für die asphaltierte Variante) und geschichtlichen Informationen. Leichter Spaziergang, bis auf Steigung bei den Stufen und beim Abstieg zur Schlucht.

In Metten am Marktplatz: Verschiedene Imbisse, Eisdiele (tagsüber geöffnet), Café am Kloster

Markt Metten, Krankenhausstraße 22, 94526 Metten, Tel. 0991 99805-0, www.markt-metten.de

Öffnungszeiten Kloster und barocke Bibliothek des Klosters Metten Anmeldung: www.kloster-metten.de

 Foto: Knödelstiege

leicht | 6,5 km | 110 Hm | 2:00 h – 2:30 h

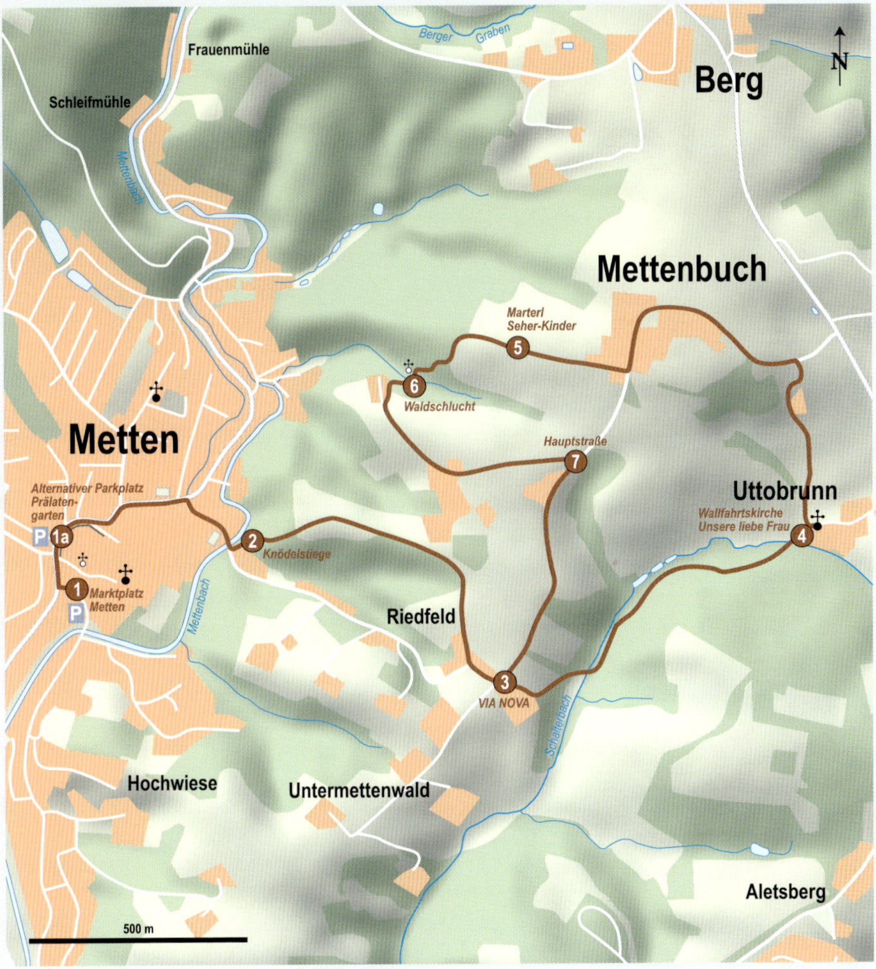

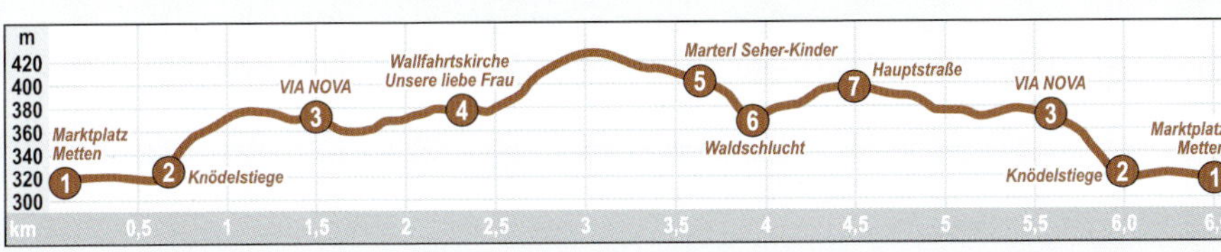

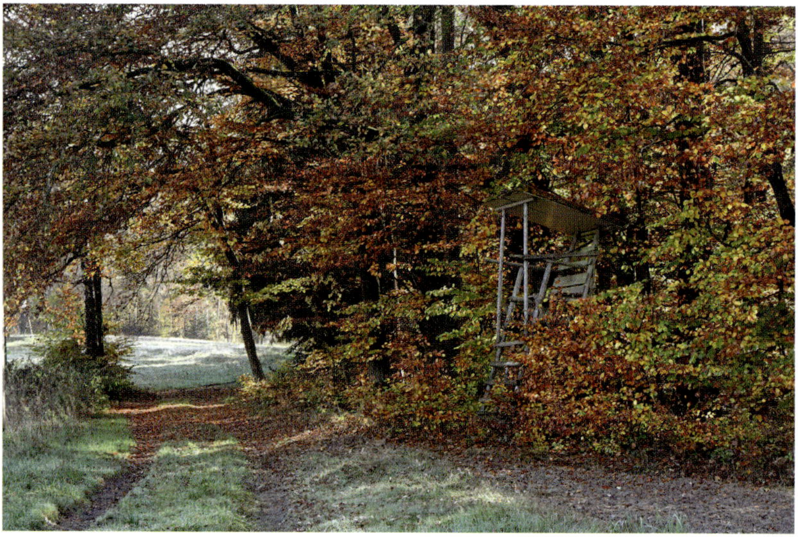

Wald- und Wiesenweg

Unsere Tour startet am Marktplatz in Metten bei der Klostergärtnerei ① und dem Café am Kloster oder alternativ bei den Parkplätzen am Prälatengarten. 1a
Ein Besuch der Kirche und der barocken Bibliothek lohnt sich, ebenfalls ein kurzer Rundgang durch den Prälatengarten (siehe Beschreibung Tour 12). Wir bleiben auf der Eggerstraße, lassen die Grundschule links liegen und biegen nach wenigen Metern scharf rechts zur Riedfeldstraße ab. Hier überqueren wir die kleine Brücke über den Mettenbach vor uns.

Info zur Wallfahrtskirche Uttobrunn

Laut einer Legende soll hier der selige Utto als Einsiedler gelebt haben. Karl der Große habe ihm die Gründung des nahegelegenen Klosters Metten ermöglicht. Es heißt überliefert: Utto solle eine Axt geworfen haben, und an der Stelle sei dann das Kloster Metten entstanden. In der Frühen Neuzeit suchten zahlreiche Gläubige den Ort auf, an dem sich ein Heilbad befand. Über der entsprechenden Quelle ließ Abt Benedikt Ferg um 1700 die heutige Marienwallfahrtskirche errichten. Die Ausstattung stammt im Wesentlichen aus der Erbauungszeit, unter anderem die beiden Altarfiguren, welche Karl den Großen und Utto darstellen. Bei dem Gnadenbild handelt es sich um eine spätgotische Madonna. Vor dem Kirchlein steht eine Linde, die einige hundert Jahre alt ist.

Sanierung der „Uttolinde“ (Infotafel bei der Linde)
Die Uttolinde ist ein bedeutendes Naturdenkmal und mehrere 100 Jahre alt. Um den Baum langfristig erhalten zu können, mussten an der Uttolinde umfangreiche Pflegemaßnahmen durchgeführt werden. Langfristig wird die Uttolinde mit der kleinen Linde eine gemeinsame Krone bilden.

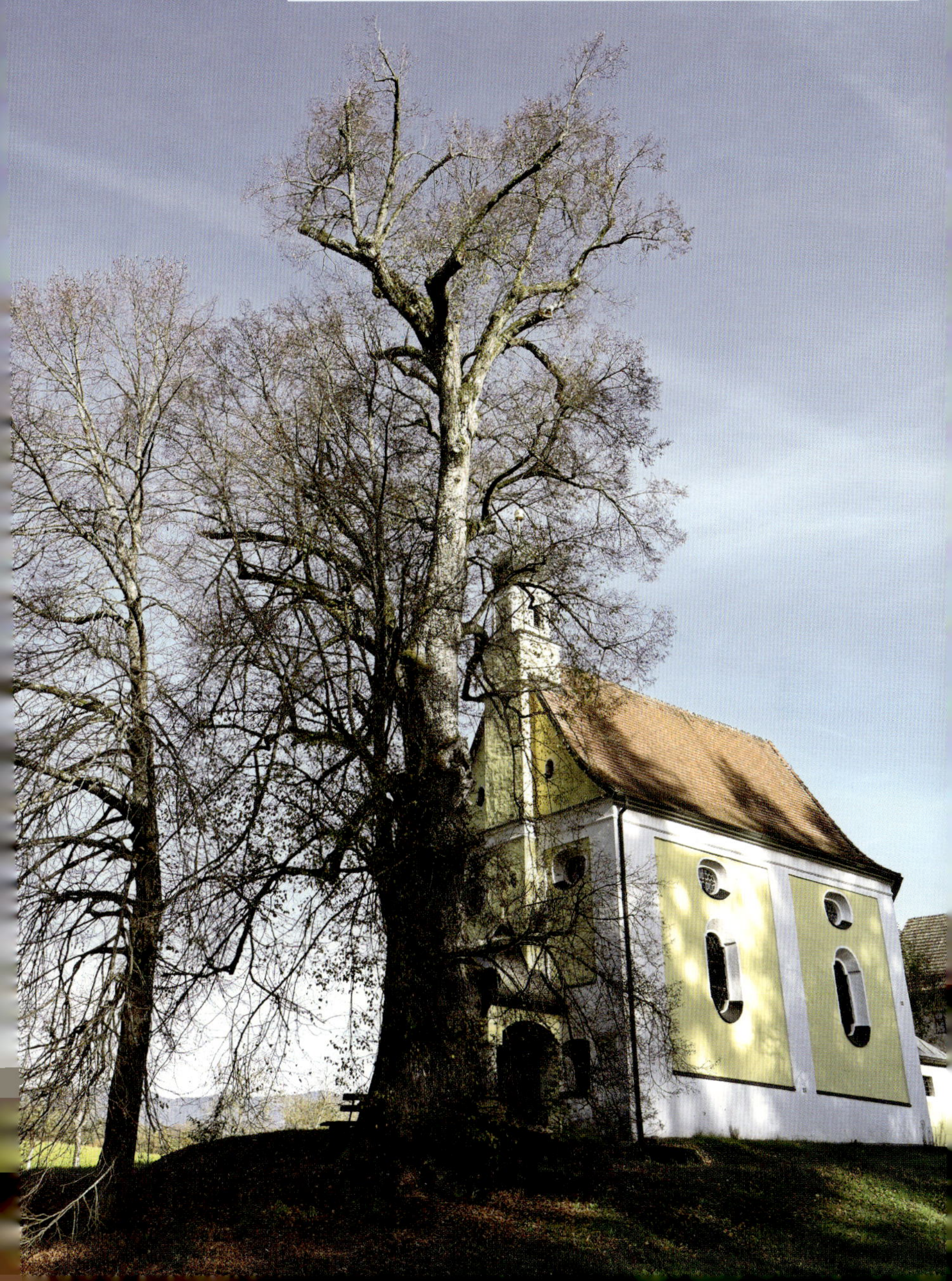

Die Knödelstiege sehen wir zu unserer linken Seite sowie die Markierung „rote 10" nach Uttobrunn. 2 Ein wunderschön gestalteter Kreuzweg erwartet uns durch den Wald. Die Stufen (umgangssprachlich: Knödelstiege, kommt von *zu viele Knödel gegessen*) sind ein bisschen anspruchsvoll, so wie es sich bei einem Kreuzweg gehört. Nach Ende des Waldweges halten wir uns immer geradeaus und bleiben auf einem schmalen Wiesenweg, bis wir zur asphaltierten Straße gelangen. Hier biegen wir rechts ab und folgen nach den einzelnen Häusern der abbiegenden Vorfahrtsstraße nach links. Auf der rechten Seite zeigt etwas unscheinbar die Wandermarkierung (rote 10) nach Uttobrunn. 3 Der Wiesenweg führt uns zunächst hinter ein Anwesen in den Wald. Wir befinden uns nun auf einem Teilstück des Pilgerwegs VIA NOVA. Ein wunderschöner Mischwald führt uns durch das Naturreservat, entlang des plätschernden Schalterbaches. Bei der Weggabelung gehen wir geradeaus an der Schranke vorbei und sehen das kleine Wallfahrtskirchlein in Uttobrunn 4 vor uns. Interessant ist auch die alte Linde, die mehrere 100 Jahre alt ist (siehe Information).

Nach einer kurzen Rast nehmen wir den nicht beschilderten Wiesenweg geradeaus bis zur Verbindungsstraße nach Mettenbuch. (Dieser Wiesenweg läuft parallel zur stark befahrenen Hauptstraße.) Das Panorama mit Blick zum Ortsteil Berg und zu den Deggendorfer Hügeln ist einzigartig.

An der Hauptstraße gehen wir ortseinwärts und biegen kurz vor dem Ortsschild „nach

Panorama Berg

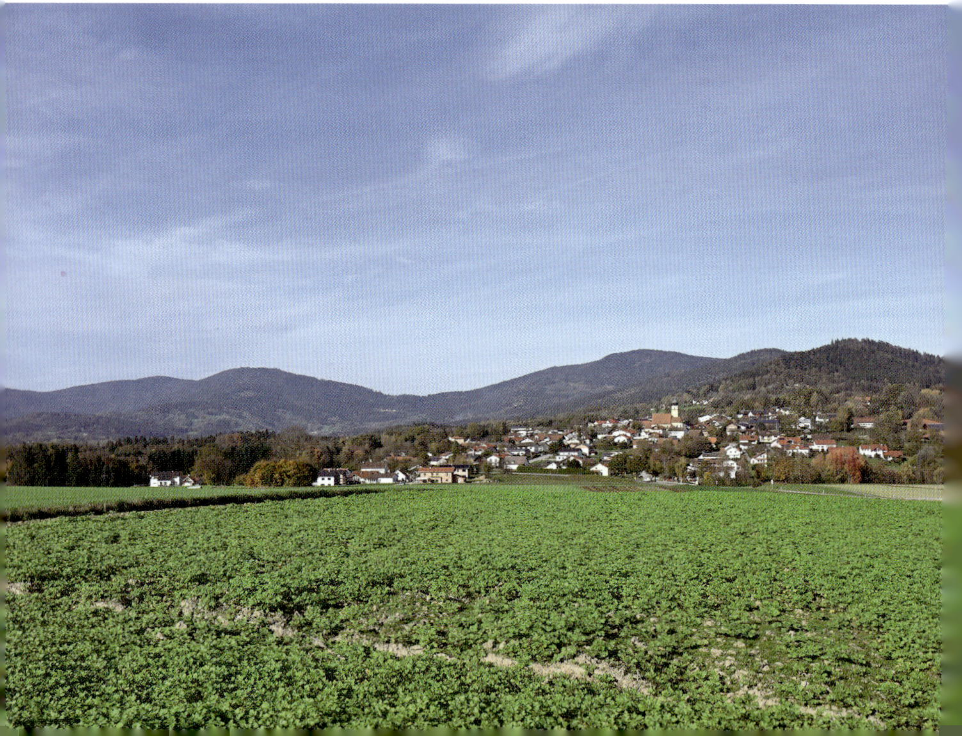

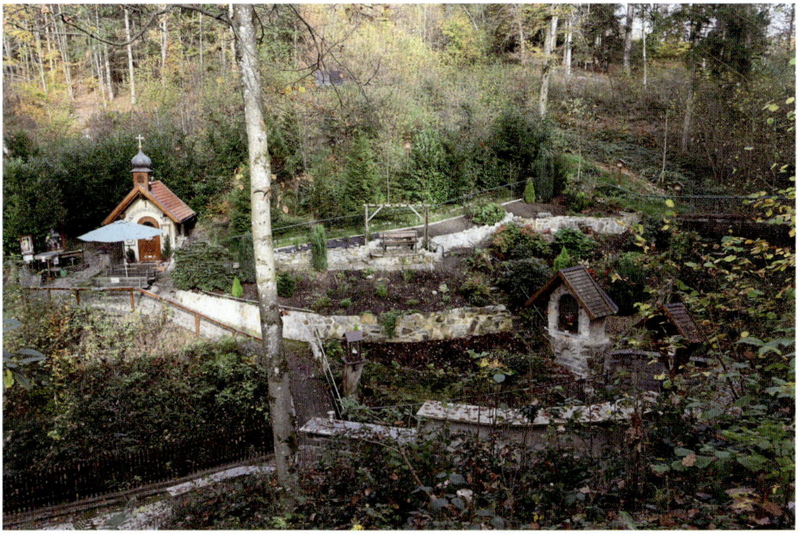

Schlucht

Metten" beim letzten Anwesen (Mettenbuch Haus Nr.1) rechts ab. Kurz darauf können wir beim Kreuz und einem Marterl ❺ innehalten, an dem die Mutter Gottes – Erzählungen zufolge – im Advent 1876 fünf Kindern erschienen ist. Was sich bei den Erscheinungen zutrug, kann man dort oder in der App „WanderKultur" nachlesen. Um zur Waldschlucht und zur Mariengrotte zu gelangen, bleiben wir auf dem Feldweg, einem ehemaligen Hohlweg, und sehen, kurz bevor der Wald beginnt, links etwas versteckt den Wegweiser „Marienkapelle in der Waldschlucht". Ein „Trampelpfad" führt uns steil bergab im Wald zur Schlucht, die nach wenigen Metern und umzäunt von Kreuzwegstationen vor uns liegt. Eine Pause zum kurzen Besinnen sollte in der Waldschlucht ❻ unbedingt eingeplant werden. Daraufhin verlassen wir die Schlucht, nicht zurück durch den Wald, sondern hinter bzw. durch das vor uns liegende Anwesen, und kommen auf eine asphaltierte Straße, die uns leicht bergauf zur nächsten Abzweigung in Richtung Hauptstraße Metten führt. ❼ Wir gehen rechts bis zur Einmündung VIA NOVA ❸ und nehmen den Rückweg analog dem Hinweg bis zu unserem Ausgangspunkt zum Parkplatz ❶ oder ❶a.

Info zur Mariengrotte in der Waldschlucht

Marienandachten in der Waldschlucht während der Sommermonate, jeden Sonntag, Mittwoch, Freitag und an Feiertagen, um 15 Uhr Barmherzigkeitsrosenkranz, 15.15 Uhr Rosenkranz oder Maiandacht bzw. Kreuzweg.

IMPRESSUM

Bibliografische Information der Deutschen Nationalbibliothek

Die Deutsche Nationalbibliothek verzeichnet diese Publikation in der Deutschen Nationalbibliografie; detaillierte bibliografische Daten sind im Internet über http://dnb.dnb.de abrufbar.
ISBN 978-3-95587-805-4

MIX
Papier aus verantwortungsvollen Quellen
FSC® C014138

Für uns, die Battenberg Gietl Verlag GmbH mit all ihren Imprint-Verlagen, ist Nachhaltigkeit ein wichtiger Teil unserer Unternehmensphilosophie. Daher achten wir bei allen unseren Produkten auf den Einsatz umweltschonender Ressourcen und Materialien.
Dieses Buch wurde auf FSC®-zertifiziertem Papier gedruckt. FSC (Forest Stewardship Council®) ist eine nicht staatliche, gemeinnützige Organisation, die sich für die verantwortungsvolle und ökologische Nutzung der Wälder unserer Erde einsetzt.

Unsere Partnerdruckerei kann zudem für den gesamten Herstellungsprozess nachfolgende Zertifikate vorweisen:
- Zertifizierung für FOGRA PSO
- Zertifizierungssystem FSC®
- Leitlinien zur klimaneutralen Produktion (Carbon Footprint)
- Zertifizierung EcoVadis (die Methodik besteht aus 21 Kriterien in den Bereichen Umwelt, Einhaltung menschlicher Rechte und Ethik)
- Zertifikat zum Energieverbrauch aus 100 % erneuerbaren Quellen
- Teilnahme am Projekt „Grünes Unternehmen" zum Schutz von Naturressourcen und der menschlichen Gesundheit

Abbildungen:
Alexandra Linzmeier
Instagram: https://www.instagram.com/fotoalfbernried/
Facebook: https://www.facebook.com/fotoalfdeggendorf/
Homepage: www.fotoalf.de

Kartografie:
Kartographie Muggenthaler, Heinz Muggenthaler, Stadtplatz 19, 94209 Regen

Haftungsausschluss:
Alle Inhalte wurden vom Autor sorgfältig recherchiert und nach bestem Wissen und Gewissen aufbereitet. Die Begehung der in diesem Buch beschriebenen Touren erfolgt auf eigene Gefahr. Der Verlag und der Autor übernehmen für etwaige Schäden sowie auch für Richtigkeit und Aktualität der Angaben keine Haftung. Der Verlag und der Autor weisen darauf hin, dass Privatgrund sowie auch privates Eigentum unbedingt zu respektieren sowie aktuelle Infotafeln hinsichtlich zu schützender Bereiche o. Ä. zu beachten sind.

Aus Gründen der besseren Lesbarkeit wird auf die gleichzeitige Verwendung der Sprachformen männlich, weiblich, divers (m/w/d) verzichtet. Entsprechende Begriffe gelten im Sinne der Gleichbehandlung grundsätzlich für alle Geschlechter.

1. Auflage 2023
ISBN 978-3-95587-805-4

www.battenberg-gietl.de